Lea Ackermann
Fritz Köster

Über Gott und die Welt

Inhalt

Lea und Fritz –
Eindrücke aus Hirzenach

Schläft ein Lied in allen Dingen,
Die da träumen fort und fort,
Und die Welt hebt an zu singen,
Triffst du nur das Zauberwort.

Joseph von Eichendorff

Es ist einer dieser warmen Frühlingstage, die einen glauben machen, der Sommer hätte schon begonnen. Ich sitze im Regionalexpress von Koblenz nach Mainz. Neben mir hockt Manni, den ich am Gleis 5 Nord im Koblenzer Hauptbahnhof kennengelernt habe. Er sieht etwas abgewrackt aus. Unter seinem Schlapphut fällt in verfilzten Strähnen graues Haar bis auf die Schultern; seine Schuhe haben schon viele Wege beschritten; in einer Plastiktüte, die er außer einem schlaffen Rucksack als Reisegepäck mit sich führt, klirren Flaschen. Da er wie ich nach Hirzenach will, haben wir beschlossen, gemeinsam zu fahren.

»Ich bin ein Tippelbruder«, bekannte er freimütig, als wir es uns im Zug bequem gemacht hatten. »Einer von der aussterbenden Art«, fügte er hinzu: »Schon seit dreißig Jahren auf Achse. Von Nord nach Süd, von Ost nach West. Es gibt doch kaum noch echte Landstreicher! Die heutigen Penner hängen bloß in einer einzigen Stadt rum.«

Jetzt öffnet er eine Flasche Bier und bietet mir auch eine an.

»Ich trinke gerne Bier, aber nur abends«, lehne ich ab. Mit Mineralwasser kann Manni leider nicht dienen, aber er teilt brüderlich ein belegtes Brötchen mit mir, das er in einer Koblenzer Bäckerei »abgestaubt« hat.

»Besuchen Sie jemanden in Hirzenach?«, frage ich ihn.

»Ja, den Pater Köster, der ist ein Freund von mir! Den besuche ich einmal im Jahr.«

»Ich will auch zu Pater Köster. Und zu Schwester Lea. Wir drei schreiben ein Buch zusammen. Es soll zu Leas siebzigstem Geburtstag im Februar erscheinen.«

»Herzlichen Glückwunsch!«, gratuliert Manni schon mal und prostet mir zu.

Hirzenach bei Boppard am Mittelrhein liegt in einer so berückend schönen Landschaft mit Weinbergen, Schlössern und Burgen, dass die UNESCO sie 2002 zum Welterbe kürte. Touristen wussten dies schon vorher zu schätzen. Vor allem sogenannte Klubreisende, die sich auf Weinfesten betrinken und anschließend singend durch die romantischen Gassen von Boppard, Sankt Goar und Bingen wanken. Vom Tourismus bleibt Hirzenach weitgehend verschont, nicht nur vom lauten, auch vom leisen, weil über die Gleise auf dem Damm neben der Rheinstraße unentwegt Züge rattern. Was die Stille in diesem beschaulichen Ort – über tausend Jahre alt – empfindlich stört.

Manni und ich sind die einzigen Fahrgäste, die am Bahnhaltepunkt aussteigen. Hummeln summen in Hirzenach, Magnolien blühen, Hyazinthen duften. Die Sonne strahlt so hell an einem wolkenlosen Himmel, dass Männer in Unterhemden und Frauen in T-Shirts nach draußen geeilt sind, um Zäune zu streichen und Unkraut zu zupfen – durch und durch nassgeschwitzt. Dieses Jahr hat der Winter besonders lange gedauert; der Rhein führt noch Hochwasser; es hat den Betonpfad am Flusssaum überspült und schwappt durch die Fußgängertunnel unter dem Damm, der die Bahnschienen darauf und das Dorf dahinter vor Überflutung schützt.

Hirzenach ist ein kleines Dorf, an einen Hang gebaut, auf vulkanische Felsen. 361 Einwohner. Früher hätte man »Seelen« gesagt. Es ist ein alterndes Dorf, ein überaltertes, wie die meisten Dörfer heutzutage. Die Alten bleiben, die Jungen ziehen weg – wegen der Mobilität, die das moderne Berufsleben den Menschen abfordert. Und doch. Es ziehen auch wieder junge Leute zu, ganz junge. Kinder. Durch den Leerstand sind die Mieten hier niedrig, niedrig genug für kinderreiche Familien von außerhalb. 65 der 361 Einwohner im Ortsteil Hirzenach, das ist der Statistik der Stadt Boppard zu entnehmen, sind »unter zwanzig«.

Vier von ihnen – drei Mädchen, etwa zehn Jahre alt, und ein kleiner Junge, er sitzt noch im Buggy – wissen nichts mit sich anzufangen. Sie lungern auf der Rheinstraße herum, über die Manni, ganz Kavalier der alten Schule, meinen Rollkoffer zieht, während ich seine Plastiktüte mit dem flüssigen Reiseproviant trage.

»Willst du wieder zu Schwester Lea und Pater Köster?«, fragt mich eins der Mädchen. Ich habe ihren Namen vergessen, ziemlich beschämend, weil ich schon so oft hier war. Anscheinend nimmt sie mir meine Vergesslichkeit nicht übel.

»Was ist jetzt? Gehst du zu denen?«

»Ja.«

»Wir kommen mit!«

Oh je, das kenne ich schon. Wenn kleine oder große Bittsteller am Pfarrhaus klingeln, in dem Lea und Fritz wohnen, lassen die beiden alles liegen und stehen. Keine Chance für eine Journalistin mit engem Terminkalender! Dabei ist der von Schwester Lea viel praller gefüllt als meiner. Denn sie ist Gründerin und Managerin eines internationalen Hilfswerks gegen Menschenhandel und Zwangsprostitution mit Zentrale in Boppard-Hirzenach: Solwodi (die Abkürzung von »Solidarity with Women in Distress« – Solidarität mit Frauen in Not).

Lea wurde am 2. Februar 1937 in dem saarländischen Dorf Klarenthal geboren, heute ein Stadtteil von Saarbrücken. Auf Wunsch ihres Vaters, einem Bauunternehmer, wurde sie Bankkauffrau; aber sie wäre lieber Lehrerin geworden. Das ermöglichten ihr die Missionsschwestern unserer lieben Frau von Afrika (Weiße Schwestern), in deren Gemeinschaft sie 1960 eintrat. Nach dem Lehramtsstudium in München unterrichtete sie von 1967 bis 1972 ruandische Mädchen. Danach studierte sie erneut in München. 1977 promovierte sie in Pädagogik mit einer Doktorarbeit über *Erziehung und Bildung in Ruanda – Probleme und Möglichkeiten eines eigenständigen Weges*.

1985 schickten sie die Weißen Schwestern nach Mombasa, Kenia, wo sie eigentlich einheimische Religionslehrer ausbilden sollte. Doch als Lea die Not der Frauen und Mädchen

sah, die sich wegen ihrer Armut an Prostitutionstouristen aus den reichen Industrienationen verkauften, setzte sie alles daran, ihnen Alternativen zu bieten: durch Alphabetisierung und Qualifizierung. Das 1985 gegründete Hilfswerk Solwodi war zunächst nur ein Ausstiegsprojekt für Prostituierte in der kenianischen Hafenstadt Mombasa. Inzwischen ist Solwodi Kenia gewaltig gewachsen: drei Beratungsstellen in Mombasa, Mthuhapa/Kilifi und Malindi. 2002 gründete Lea auch noch Solgidi: »Solidarity with Girls in Distress« – Solidarität mit Mädchen in Not. Ein Projekt für Töchter, denen Schulbesuch und Berufsausbildung ermöglicht werden, damit sie nicht in der Prostitution landen wie ihre Mütter.
Nach ihrer Rückkehr in die Heimat musste Lea 1987 erkennen, dass Frauen und Mädchen aus den ärmsten Ländern dieser Erde von skrupellosen Menschen- und Heiratshändlern längst als »Ware« nach Deutschland und Europa importiert worden waren. Solwodi Deutschland entstand. Mittlerweile betreuen zehn Beratungsstellen und sieben Schutzhäuser überwiegend osteuropäische Opfer von Zwangsprostitution. Was Lea brandaktuell bewegt – jetzt, im April 2006 – ist die bevorstehende Fußballweltmeisterschaft. Den Fans, die sich eigens für die WM nach Deutschland gelockte oder verschleppte Osteuropäerinnen kaufen, will sie die »Rote Karte gegen sexuelle Ausbeutung« zeigen.
Auch Pater Köster hat alle Hände voll zu tun, obwohl er zweiundsiebzig ist und zudem auch noch schwer krank. Als Theologe mit Vortragsterminen tritt er etwas kürzer, aber als Ersatzpastor (»Vicarius Substitutus«) auf der vakanten Pfarrstelle in Hirzenach ist er nach wie vor voll engagiert. Hier hat er eine lebendige Christengemeinde um sich geschart – eine Rarität in unserer säkularen Gesellschaft. Pater Köster ist Professor Doktor, dennoch spricht er eine Sprache, die jeder versteht. In seinen gut besuchten Gottesdiensten eröffnet er zeitgemäße Zugänge zum Evangelium. Er macht das Wort

Gottes nachvollziehbar, indem er es auf die Nöte und Freuden heutiger Menschen bezieht.

»Ohne ihn«, schwärmen seine Hirzenacher Schäfchen, »wären wir bloß Karteileichen. Unser katholischer Glaube würde sich auf das Zahlen von Kirchensteuern beschränken.«

Pater Köster – 1934 als neuntes von elf Kindern im Sauerland geboren – trat 1956 in die Gesellschaft vom Katholischen Apostolat (Pallottiner) ein. Er war lange Missionar in Kamerun. Nach seiner Rückkehr promovierte er 1976 mit einer Dissertation über *Afrikanisches Christsein als religionspädagogische Aufgabe*. Auch seine Habilitationsschrift von 1984 hat ein internationales Thema: *Religiöse Erziehung in den Weltreligionen*. 1988 kam er in das beschauliche Hirzenach, weil ihn sein Orden an die Theologische Hochschule im nahen Vallendar berufen hatte. Fritz wollte unbedingt nebenberuflich praktische Seelsorgearbeit leisten, darum zog er als Vicarius Substitutus in das seit Jahren leer stehende Hirzenacher Pfarrhaus: eine barocke Propstei, früher ein Männerkloster – mit ausreichend Platz für Lea und ihre Solwodi-Frauen.

Als Fritz im März 1994 sechzig wurde, bat Lea seine Verwandten, Freunde und Bekannten, etwas über ihn zu schreiben. Daraus ist ein Buch entstanden, eine Art »Festschrift«. Den folgenden Text hat Pater Bernado Holewa verfasst – besser kann man Fritz nicht porträtieren.

An **Herrn** Pater Professor Doktor Fritz Köster

Die Gemeinde hat Gottesdienst gefeiert.
Eine junge Frau begleitet ihn bis zur Pfarrhaustür.
Sie erwartet ihr erstes Kind.
Sie schmiegt sich an ihn.
Er drückt sie unbefangen.
Sie geht leichten Schrittes heim.
Einen Herrn drückt man nicht.
Vor einem Herrn hat man die gebührende Distanz
zu wahren.
Einen Herrn darf man höchstens verehren.
Herren sind hochwürdig. –

An **Pater** Professor Doktor Fritz Köster

Pater, Vater ...
Es gibt ehrwürdige, hochwürdige Väter ...
Es gibt sogar Heilige Väter ...
Es gibt sie in schwarzen Talaren, in lila Soutanen, mit
oder auch ohne Schärpe ...
Es gibt sie im wallenden weißen Gewand ...
Es gibt sie sogar als Prälaten ...
Pater im blauen Pullover? ...
Pater in Jeans? ...
Ein Pater, der sich weigert, die Botschaft von
himmlischen Werten in hochwürdiger Kleidung
zu verkünden? ...

An **Professor** Doktor Friedrich Köster

Professoren diktieren ...
Professoren wissen alles ...
Professoren reden von oben herab ...
Professoren brauchen niemanden, mit dem sie gern mal reden möchten ...
Professoren haben keine Sehnsucht nach einem Spaziergang mit kleinen Leuten, um durstig ihre Meinungen zu trinken ...

An **Doktor** Friedrich Köster

Doktoren schreiben schlaue Bücher,
Bücher, die sie nur selber verstehen ...
Doktoren im Glauben besitzen die Wahrheit,
einfach so, von Amts wegen ...
Doktoren dozieren ...
Doktoren verkünden keine frohe Botschaft ...
Doktoren sprechen aus dem Kopf heraus,
sie vertrauen der Ratio,
sie lassen sich nicht ein auf Gefühls-
duseleien ...
Doktoren halten hochhehre, theologische Predigten,
und um exakt zu sein und kein Konzept zu fälschen,
lesen sie ihre Vorträge ab ...
Doktoren sind sehr ernste Menschen ...
Sie »ringen« um die Wahrheit am grünen Tisch,
sie können sich doch nicht die Blöße geben,
in Anwesenheit der Menschen um die Wahrheit
zu ringen ...
Sie vielleicht gar qualvoll zu suchen ...

An **Friedrich Köster**

Friedrich Köster fährt spazieren ...
Er schiebt einen Kinderwagen ...
Wie kann man nur?
Aus der Toilette ruft das Kind: Fritz, abputzen!
Wie kann man nur?
Wie kann man nur, Herr Pater Professor Doktor
Friedrich Köster!

Fritz habe ich erst später kennengelernt, Lea bin ich erstmals 1993 in der SWR-Talkshow »Nachtcafé« begegnet. Damals hatte ich für das feministische Magazin EMMA eine Reportage über deutsche Sextouristen in Thailand gemacht; gemeinsam sollten wir, Lea und ich, Freiern und Zuhältern die Stirn bieten. Mit funkelnden Augen und hennaroten Haaren saß sie neben mir, wie die Oberhexe aus einem Bilderbuch für kleine Hexen. Eine Nonne wie sie hatte ich – eine Klosterschülerin aus Paderborn – noch nie getroffen.
Prostitution wäre so alt wie die Menschengesellschaft, behauptete der Moderator. »Es gibt Prostitution, weil wir in einer Männergesellschaft leben«, entgegnete Lea. Was ein als Talk-Gast eingeladener Touristikunternehmer, auf Sexreisen nach Pattaya in Thailand spezialisiert, zum Anlass nahm zu verkünden: »Ich leiste praktische Entwicklungshilfe. Die Mädels und ihre Familien da unten würden sonst verhungern.« Donnernder Applaus des mehrheitlich männlichen Publikums. Lea ereiferte sich: Neulich sei sie in Pattaya gewesen, »im sogenannten Bordell des Westens«. Eine Mitschwester, die sich dort für die Prostituierten einsetze, habe sie nachts herumgeführt. Und was musste Lea auf offener Straße sehen? »Heerscharen von ausgewachsenen Männern – erwachsen nenne ich die nicht – mit Kindern, die sie gekauft hatten!«

Nun hielt es sie nicht mehr in ihrem Sessel, sie sprang auf und gestikulierte wild.

»Was mich so wahnsinnig stört, ja, was mich richtig auf die Palme bringt: Die haben gar kein Unrechtsbewusstsein! Auch nicht die Sextouristen und Reiseveranstalter, die hier sitzen. Wir sind im öffentlich-rechtlichen Fernsehen, und es wird so darüber gesprochen, als wäre es das Normalste von der Welt, dass Frauen und Kinder wie Waren gehandelt und behandelt werden. Als junges Mädchen war ich entsetzt über den Sklavenhandel. Das Einzige, das mich damals getröstet hat, war der Gedanke: Den gibt's nicht mehr. Aber leider musste ich erkennen: Es gibt ihn wieder!«

Der Kösel-Verlag hatte sich zu Leas Siebzigstem ein »geistiges Notizbuch« aus ihrer Feder vorgestellt: ein »sehr persönliches«, ein »zutiefst religiöses«, mit »Blick auf gelebtes Leben«. Eine »Nonne in Rage«, wie EMMA sie einmal nannte, eine kämpferische Weltverbesserin wie sie schreibt keine introvertierten Notizbücher. Darum hat Lea sich als Geburtstagsgeschenk vom Kösel-Verlag ein Buch mit »Gesprächen über Gott und die Welt« gewünscht, die sie mit Fritz am Küchentisch führt. Meine Rolle dabei ist die einer Moderatorin und Redakteurin.

Jetzt, im April 2006, sind die Nonne und der Pater seit 32 Jahren befreundet. Sie haben sich 1974 in der Theologischen Fakultät der Münchner Ludwig-Maximilians-Universität kennengelernt. Wie, werden sie gleich selbst erzählen. Hoffentlich! Wegen Manni und der vier Kinder, die mich begleiten, bezweifle ich, dass ich es schaffe, Lea und Fritz an den Küchentisch zu kriegen, auf den ich mein Aufnahmegerät stellen will. Wie schon erwähnt: Bittsteller haben Priorität.

Die barocke Propstei, in der Pater Köster und Schwester Lea wohnen, wird von einer romanischen Kirche überragt. Ein Barockgarten, der sich in Terrassen bis zur Rheinstraße hinunterzieht, ergänzt das denkmalgeschützte Ensemble. Während wir den Hang zur Propstei hochsteigen, überholen uns die Kinder leichtfüßig – Manni und ich brauchen etwas länger. Als auch wir unser Ziel erreichen, ist Lea schon dabei, Kuchen an die Kinder zu verteilen. Fritz sonnt sich etwas abseits in einem Liegestuhl. Als er mich sieht, schaut er auf seine Armbanduhr.

»Die Klosterschülerin aus Paderborn kommt wie üblich zu spät.« Schmunzelnd fügt er hinzu: »Erfreulicherweise dieses Mal nur zwei Stunden und nicht zwei Tage.«

»Der Intercity von Köln nach Koblenz hatte Verspätung«, rechtfertige ich mich. Doch das überhört Pater Köster, denn nun hat er Manni entdeckt. Er springt auf und begrüßt ihn mit herzlichem Handschlag.

»Da sind Sie ja! Ich hab' mir schon Sorgen gemacht. Sonst kommen Sie doch immer im März.«

»Das Wetter war zu schlecht zum Tippeln.«

Pater Köster bittet Manni, in einem zweiten Liegestuhl Platz zu nehmen, und macht es sich wieder in seinem bequem. Die Kuchenplatte ist leer, nun hat Lea Zeit, mich zu umarmen.

»Schön, dass du da bist, Conni.«

In diesem Moment kommt die Solwodi-Sekretärin Andrea Adamczyk aus dem Haus. »Schwester Lea, die Telekom ist am Telefon! Wegen der WM-Hotline für Zwangsprostituierte!«

»Conni, setz dich doch schon mal in die Küche«, sagt Lea und eilt in ihr Büro.

Ich deponiere meinen Rollkoffer an der Garderobe des weitläufigen Entrees. Hinter den Türen ringsherum verbergen sich Solwodi-Büros, ein Konferenzzimmer, das Pater Köster und Schwester Lea abwechselnd nutzen, das Wohnzimmer, die Küche, der Vorratsraum, eine Toilette und der Keller. Der Pfarrsaal und die Pfarrbücherei haben einen eigenen Zugang an der Westseite. Durch ihn führt auch der offizielle Weg zu Solwodi. Aber in diesem »offenen Pfarrhaus« – so nennen Lea und Fritz ihr Zuhause – werden Öffentliches und

Privates nie strikt getrennt. Bloß die Küche ist tabu. Sie ist der Familie vorbehalten.
Ja, *der Familie!*
Lea und Fritz haben sich zu einem zölibatären Leben verpflichtet, trotzdem sind sie Eltern. Soziale Eltern. Von zwei Pflegekindern, die bei ihnen aufgewachsen sind, seit sie Babys waren: ein Mädchen, Trixi, heute siebzehn, und ein Junge, Jojo, genauso alt. Vermutlich werde ich sie nicht antreffen, weil in Rheinland-Pfalz noch Osterferien sind. Einen Teil ihrer Ferien verbringen die beiden meist bei ihren leiblichen Müttern, die in der Nähe wohnen. Sonst sitzen Trixi und Jojo mit am Küchentisch: beim Frühstück, Mittagessen und Abendbrot. Auf geregelte Mahlzeiten legen Lea und Fritz großen Wert.
Fastfood aus Dosen oder aufgewärmte Tiefkühlkost kommen selten auf den Tisch. Lea bevorzugt gesunde Ernährung. So viel sie auch um die Ohren haben mag, sie kocht jeden Mittag. Wenn sie auf Reisen ist, kocht Pater Köster. Sie teilen sich auch die Einkäufe. Allerdings etwas ungleichgewichtig. Sie rast samstags in ihrem altersschwachen Ford durch die Gegend, um kurz vor Ladenschluss Gemüse, Obst, Brot, Käse, Aufschnitt und Fleisch zu besorgen, während er freitags in seinem relativ neuen A-Klasse-Mercedes gemütlich zum nächsten Getränkemarkt zockelt, um Mineralwasser, Saft und Weizenbier zu kaufen. Pater Köster, der lange in Bayern gelebt hat, liebt Weißbier. Obwohl er es wegen seiner Krankheit – eigentlich – gar nicht mehr trinken darf, ist immer ein Kasten im Haus, an dem ich mich gütlich tue, wenn ich zu Besuch bin. Auch die Kirchgänger, die sich zum Sonntagsfrühschoppen im Pfarrhaus einfinden, wissen das Weißbier zu schätzen. Lea trinkt lieber Wein, ab und zu ein Gläschen: »lieblich«. Sie achtet zwar auf ihre Figur, dennoch liebt sie Süßigkeiten. Noch mehr liebt sie »Lyoner«. So nennt sie jede Form von Fleischwurst, die sie mal brüht und

mal brät: völlig ungesund. Sie sind eben ganz normale Menschen, diese beiden.
Säßen Trixi und Jojo jetzt mit mir hier am Küchentisch, widersprächen sie wahrscheinlich lauthals. »Die sind überhaupt nicht normal! Lea und Fritz sind viel strenger als andere Eltern!« Vielleicht ist das ja gar nicht mal so schlecht in einer Zeit wie heute, in der zunehmend viele Kinder wegen der Gleichgültigkeit ihrer Eltern verwahrlosen.
Nachdem ich eine Stunde vergeblich auf Lea und Fritz gewartet habe, steige ich vom Entree der barocken Propstei – an den Schlafzimmern in der ersten Etage vorbei – bis unters Dach. Es ist ein mächtiges Walmdach mit drei eigenen Geschossen. Von außen ist nur das untere zu erkennen, wegen seiner gemauerten Teile. Die beiden oberen, die sich komplett unterm Dach verstecken, sind durch schmale Stiegen verbundene Holzkonstruktionen. Früher dienten sie als Dormitorium von Mönchen, heute sind sie das Domizil von Fledermäusen. Die Luken, durch die diese vom Aussterben bedrohten Tiere ein- und ausfliegen, bieten dem sterblichen Menschen einen atemberaubenden Blick auf das Rheintal. Hier oben begreift man, was kontemplative Ordensleute meinen, wenn sie sagen: Die Horen, die sie täglich beten und die schon unzählige Mönche und Nonnen vor ihnen gebetet haben, seien das, was der Zeit Dauer verleiht. Auch das Rheintal ist zeitlos göttlich.
Meine Güte! Was habe ich denn da geschrieben? Das klingt ja fast fromm. Das bin ich doch schon lange nicht mehr, obwohl ich neun Jahre lang eine Klosterschule besucht habe. Aber das hat mir die Frömmigkeit verleidet. Der Paderborner Katholizismus, mit dem ich aufwuchs, war ein düsterer, engstirniger, sinnenfeindlicher – nicht hell, weit und heiter wie das göttliche Rheintal, auf das ich blicke.
Ich bin nie aus der katholischen Kirche ausgetreten. Sie ist immer noch Heimat für mich. Eine ungeliebte. Wie eine Fami-

lie, in der Papa die Kinder schlägt und Mama unterdrückt. Aber man kann sich seine Familie nicht aussuchen; man hat nur die, in die man hineingeboren wurde – dachte ich, bis ich Lea und Fritz kennenlernte. Auf einmal wurde mir klar: Menschen wie diese beiden sind ja auch die katholische Kirche, eine liebenswerte. Gewissermaßen verkörpern Schwester Lea und Pater Köster für mich die Tanten und Onkel, zu denen ein Kind fliehen kann, wenn zu Hause mal wieder Zoff angesagt ist.

Jetzt sehe ich durch die Dachluke, dass Manni über die Rheinstraße zurück zum Bahnhaltepunkt geht. Er reist schon wieder ab. »Keine Zeit, die Welt ist weit«, denkt er wahrscheinlich. Sein vorhin noch schlaffer Rucksack ist prall gefüllt. Er hat bei Lea und Fritz kräftig »abgestaubt«.

»Conni, wo steckst du?«, ruft Lea von unten: »Wir warten auf dich!«

Also gut, endlich geht's los – mit den Küchengesprächen über Gott und die Welt.

Cornelia Filter
Bielefeld, im Frühjahr 2006

Mit Streit fing alles an

Wer andere kennt, ist klug,
wer sich selber kennt, ist weise.
Wer andere besiegt, hat Kraft,
wer sich selber besiegt, ist stark.
Wer sich durchsetzt, hat Willen,
wer sich genügen lässt, ist reich.
Wer seinen Platz nicht verliert, hat Dauer,
wer auch im Tod nicht untergeht, der lebt.

Laotse

Schwester Lea: Fritz, mich würd's mal interessieren, was du noch davon in Erinnerung hast, wie wir uns kennenlernten.

Pater Köster: Wir haben uns gestritten, wie üblich.

Schwester Lea: Spinnst du? Das klingt so, als ob wir uns dauernd in den Haaren lägen!

Pater Köster: Nicht dauernd, aber oft. Streiten gehört nun schon seit über dreißig Jahren zu unserem Leben. Die Streiterei begann 1974 in der Fakultät für katholische Theologie an der Münchner Maximilians-Universität. Du hast noch studiert, ich stand kurz vorm Abschluss meiner Promotion. Damals waren gruppendynamische Seminare in Mode, auch in Pastoraltheologie. Die durch Rollenspiele gewonnenen Erfahrungen sollten wir auf unsere Seelsorgearbeit übertragen. In einem dieser Seminare, das an mehreren Wochenenden angeboten wurde, hast du anscheinend sofort erkannt: »Das ist einer, mit dem ich streiten will.« (*lacht*)

Schwester Lea: Du unverschämter Kerl!

Pater Köster: Wieso unverschämt? *Ich* bin nicht streitlustig! Darum hab' ich ja versucht, dir aus dem Weg zu gehen. Ich weiß noch, wir saßen in einem großen Kreis zusammen, als der Seminarleiter sagte, wir sollten uns für ein Rollenspiel zu zweit zusammentun – da bist du sofort auf mich losgestürzt ...

Schwester Lea: ... also, Fritz ...

Pater Köster: ... ich hab' mich schnell umgedreht und mir eine andere Partnerin gesucht. Das hat dich wahnsinnig geärgert.

Schwester Lea: Ich hab' daran aber eine vollkommen andere Erinnerung ...

Pater Köster: ... aber du hast mich doch nach *meiner* gefragt! Ich habe mich von dir abgewandt, weil du immer von vornherein genau wusstest, wie die Probleme zu lösen sind, über die wir in diesen Rollenspielen diskutieren sollten. Diskutieren! Das heißt: miteinander darüber nachdenken, gemeinsam das Für und Wider abwägen ...

Schwester Lea: ... bis zum Sankt-Nimmerleins-Tag, wenn es nach dir gegangen wäre. (*Sie rückt ihre Brille auf die Nasenspitze und schaut à la Fritz nachdenklich in eine imaginäre Ferne.*) »Ja, das könnte so sein. Aber muss es das auch?«

Pater Köster: Willst du etwa damit andeuten, dass ich handlungsunfähig bin? Ein intellektueller Grübler, der nur denkt und nichts tut?

Schwester Lea: Nein, Fritz, wirklich nicht! Du handelst oft viel konsequenter als ich, ohne Rücksicht auf Autoritäten, die dich maßregeln wollen, weil du ein Quergeist bist. Das bist du! Darum mag ich dich ja so. Aber damals, in diesem gruppendynamischen Seminar, hätt' ich dir ständig den Kümmel rösten können. Einmal mussten wir ein Team von Mitarbeitern spielen. Alle hatten Firmenwagen, nun sollte das Team einen nagelneuen bekommen. Größer, schöner, schneller. Wer aus der Gruppe soll ihn haben? Ich spielte die dienstälteste Mitarbeiterin mit dem ältesten Dienstwagen. Für mich war völlig klar, dass mir das neue Auto zustand. Wir diskutierten und diskutierten. Du hast mal dem einen ein bisschen recht gegeben, mal dem anderen ein wenig – nur in meinem Fall stand für dich eindeutig fest, dass *ich* keinen Anspruch auf das neue Auto habe.

Pater Köster: Mit gutem Grund. (*lacht*) Bei deinem Fahrstil wäre es unverantwortlich gewesen, dir einen so schnellen Wagen mit einem so starken Motor anzuvertrauen.

Schwester Lea: Ich bin eine gute Fahrerin! Ich kriege nie Knöllchen.

Pater Köster: Weil du die Polizisten immer mit deinem Nonnen-Charme bezirzt.

Schwester Lea: Du spinnst! Ich meine, damals hätte einer das neue Auto bekommen, der am meisten im Außendienst tätig war. Ich weiß es nicht mehr. Doch ich weiß noch genau, wie sehr ich mich darüber aufgeregt habe, dass ich das Auto nicht bekam. Es war nur ein Rollenspiel – aber so ungerecht! Am Mittagstisch habe ich zu dir gesagt: »Pater Köster, mal ehrlich, wenn Sie das objektiv betrachten, dann müssen Sie doch wohl zugeben, dass mir das Auto zugestanden hätte.« Du hast entgegnet: »Ja, das kann man so sehen.« Was war ich wütend! Jetzt stimmtest du mir zu, doch in dem Rollenspiel hattest du meine Argumente mit scheinbar tausend guten Gründen abgebügelt.

Pater Köster: Als pädagogische Maßnahme gewissermaßen. Diese Schwester Lea muss man verunsichern, habe ich gedacht: Die ist so selbstgewiss und sich ihrer Sache so sicher – zu sicher.

Schwester Lea: Wieso hast du dich denn dann mit mir angefreundet?

Pater Köster: Unter anderem auch, weil du so hilfsbereit bist. Man kann stets auf dich zählen. Erinnerst du dich? Meine Doktorarbeit musste abgetippt werden, möglichst schnell, weil der Abgabetermin drängte. Darum habe ich für viel Geld eine Schreibkraft engagiert, die angeblich auf Dissertationen spezialisiert war. Als sie 150 Seiten fertig hatte, habe ich mir die angeguckt und mich furchtbar erschrocken. Diese sogenannte Spezialistin hatte ganze Seiten weggelassen, Anmerkungen fehlten, Fehler über Fehler, total konfus. Ich war wie gelähmt. Da hast du die Sache in die Hand genommen, eine moderne Schreibmaschine gekauft, eine Missio-Sekretärin eingespannt, und dann habt ihr das runtergetippt, zwei Tage und zwei Nächte lang.

Schwester Lea: Da war keine Missio-Sekretärin dabei, das hab' ich ganz allein getippt!

Pater Köster: Das weiß ich nicht mehr so genau.

Schwester Lea: Aber ich! Ich erinnere mich auch noch gut an deine Autopanne nach dem gruppendynamischen Seminar. Es regnete in Strömen, und dein Wagen sprang nicht an. Technischen Beistand konnte ich nicht leisten, aber ich hatte einen großen Regenschirm. Ein Kommilitone half dir mit einem Starterkabel. Als dein Motor lief, ist er weggefahren. Doch ich bin geblieben, weil ich dachte: »Pater Köster muss auch noch aus der engen Parklücke raus. Vielleicht geht der Motor beim Rangieren wieder aus.« Genau das geschah. Du bist ausgestiegen und hast zu mir gesagt: »Es ist nett, dass Sie mich nicht im Regen stehen lassen.« Nach der Panne fingen wir an, uns ausgiebig zu unterhalten. Bei diesen Gesprächen haben wir viele Gemeinsamkeiten entdeckt ...

Pater Köster: ... du warst lange in Ruanda gewesen und ich in Kamerun. Beide waren wir – und sind es noch – Anhänger der Theologie der Befreiung beziehungsweise eigenständiger Wege. Mit der herkömmlichen Theologie kommen wir ja auch für uns nicht weiter.

Schwester Lea: Die Basispädagogik des Brasilianers Paolo Freire, ein Christ und Humanist, hat uns beide fasziniert. Seine bedeutendste Schrift *Pädagogik der Unterdrückten* hat mich zu meiner Doktorarbeit über Möglichkeiten eines eigenständigen Bildungsweges in Ruanda inspiriert ...

Pater Köster: ... die *ich* dann für *dich* abgetippt habe.

Schwester Lea: Unsinn! Du hast sie redigiert. Du konntest doch gar nicht richtig tippen.

Pater Köster: Heute kann ich's besser als du.

Schwester Lea: Mag ja sein. Aber was ich eigentlich sagen wollte: Die Panne ist für mich der Beginn unserer Freundschaft.

Pater Köster: Für mich auch! Allerdings war mir vorher schon positiv an dir aufgefallen, dass du in den Seminarpausen als Einzige mit mir vor und nach dem Essen gebetet hast.

Schwester Lea: Tischgebete waren damals total verpönt. Auch bei Theologiestudenten.

Pater Köster: Sogar bei vielen Priestern und Nonnen! Der 68er-Sturm wehte in den 70er-Jahren noch als Wind. Als linksalternativer Zeitgeist, an dessen Modediktate man sich an der Uni zu halten hatte, wenn man »in« sein wollte. Weißt du noch? Unsere Kommilitonen und Kommilitoninnen im Fach Pastoraltheologie gingen sonntags nie in die Kirche.

Schwester Lea: Nur wir beide gingen! Manchmal hast du selbst die Messe gelesen und das gruppendynamische Seminar, das ja an Wochenenden tagte, extra dazu eingeladen. Trotzdem kamen nur einige.

Pater Köster: Du zum Beispiel!

Schwester Lea: Es war schon seltsam. In konservativen Kirchenkreisen waren wir beide als links verdächtig, weil wir die Befreiungstheologie aus der Dritten Welt in Deutschland bekannt machen wollten ...

Pater Köster: ... und in progressiven Theologenkreisen galten wir als konservativ ...

Schwester Lea: ... weil wir Tischgebete sprachen ...

Pater Köster: ... und jeden Sonntag in die Kirche gingen.

Schwester Lea: Oft sogar alltags.

Pater Köster: Pfui, wie reaktionär!

Schwester Lea: Nach deiner Autopanne ergab es sich quasi wie von selbst, dass wir beschlossen, auch künftig zu kooperieren.

Pater Köster: Du hattest ja bereits während deines Studiums für Missio München gearbeitet ...

Schwester Lea: ... »arbeiten« ist zu viel gesagt. Ich hatte im Auftrag von Missio Predigten über »Mission heute« gehalten, manchmal fünf an einem Sonntag in München und Umgebung ...

Pater Köster: ... wie auch immer, jedenfalls wusstest du, dass Missio einen Leiter für das Bildungsreferat suchte. Ich bewarb mich ...

Schwester Lea: ... und sie haben dich eingestellt.

Pater Köster: Und ich habe dann dich angeheuert: als Bildungsreferentin für katholische Themen aus der Dritten Welt. Damals war ich dein Chef ... (*grinst*) ... heute muss ich deine Befehle befolgen.

Schwester Lea: (*lacht*) Jetzt übertreibst du aber, Fritz!

Pater Köster: (*schmunzelnd*) Nein, tue ich nicht! Auch bei Missio hast du schon die Hauptrolle gespielt. Wenn wir zusammen Vorträge hielten, bekamst du immer das Lob. Und manchmal auch ein Sonderhonorar – für die arme Schwester, die so charmant ist.

Schwester Lea: Also, Fritz, wirklich, das ist ein einziges Beispiel, das du jetzt verallgemeinerst – den Termin bei der schlagenden Studentenverbindung. Die hatte dich eingeladen, aber dir war's unangenehm, da alleine hinzugehen, darum hast du mich mitgenommen.

Pater Köster: Du hast recht, ich traute denen nicht über den Weg. Das war keine konfessionelle Studentenverbindung, trotzdem sollte ich denen etwas über Mission erzählen. Warum? Das ist ja für viele Leute ein suspektes Thema, weil sie unterstellen, dass Missionare auch heute noch wie zu Kolonialherrenzeiten die Heiden bekehren, ob diese wollen oder nicht. Darum dachte ich mir: Ich halte einen Vortrag über moderne Missionstheologie und du zeigst Dias aus Ruanda und erzählst etwas über die Mädchenbildung, die dein Orden dort vorantreibt. So haben wir uns die Arbeit immer geteilt ...

Schwester Lea: ... mit großem Erfolg! Auch die fünf bayerischen Priesterseminare – ich hatte in allen Dritte-Welt-

Arbeitskreise gegründet – haben uns für Vortragsveranstaltungen stets als Duo angefordert: dich für theologische Themen und mich für die missionspädagogische Praxis. Bei der Studentenverbindung allerdings waren sie nicht begeistert, als der Herr Doktor mit einer Schwester erschien. Ich war die einzige Frau im Saal. An einem langen Tisch saßen nur Männer, junge Burschen und alte Herren. Wir setzten uns dazu, weil es vor dem Vortrag Essen geben sollte. Alle tranken Bier, halbe Liter. Dir wurde wie selbstverständlich auch eins hingestellt. Mich hingegen fragte der Student, der bediente: »Schwester, was darf ich Ihnen anbieten? Einen Saft vielleicht?« – »Ich will keinen Saft, ich will ein Weißbier!« Ringsherum betretene Mienen. Ich habe einen kräftigen Schluck genommen und die Herren fröhlich angegrinst. Du hast einen klugen, durchdachten Vortrag gehalten, aber den meisten Applaus bekam ich ...

Pater Köster: ... die lagen dir zu Füßen.

Schwester Lea: Dabei habe ich denen nur erzählt, was ich bei solchen Gelegenheiten immer sage, nämlich dass ich ein ganz anderes Missionsverständnis habe als das Klischee in den Köpfen der Allgemeinheit. Als ich 1967 nach Ruanda kam, um an einem Mädcheninternat der Weißen Schwestern in der alten Königsstadt Nyanza zu unterrichten, waren die Leute ja bereits getauft. Schon in der dritten Generation. Mein Anspruch war, mit diesen Menschen zu leben; mich mit ihnen auszutauschen; zu helfen, ihre Armut zu lindern; zu versuchen, den Bildungsnotstand zu bekämpfen. Ich hatte und habe den Anspruch zu zeigen, wie man Christsein konkret leben kann. Was mir selbstverständlich nicht immer gelingt. Ich bin auch nur ein Mensch mit Schwächen und Fehlern ...

Pater Köster: ... meine Güte, diese Selbsterkenntnis!

Schwester Lea: Also wirklich, Fritz! Du weißt genau, dass ich Fehler zugeben und um Entschuldigung bitten kann. Und du weißt auch, dass ich in meinem ganzen missionarischen Leben bis heute nie mit Worten überzeugen wollte, sondern nur durch Taten. Das entspricht ja nicht dem gängigen Missionsbild, das auf der Mission von früher basiert, als die sogenannten Heiden nicht in ihrem Sosein anerkannt, sondern in die Knie gezwungen und in Abhängigkeit gebracht wurden. Wie auch immer: Den Herren von der schlagenden Verbindung gefiel mein Dia-Vortrag so gut, dass sie anschließend auch noch gesammelt haben für die arme Schwester.

Pater Köster: Und ich stand wie ein Depp da.

Schwester Lea: Unsinn, Fritz! Vielleicht bist du dieses eine Mal nicht so gewürdigt worden, wie du es verdient hättest, aber sonst haben wir uns immer gut ergänzt.

Pater Köster: Das stimmt. Hervorragend sogar!

Schwester Lea: Acht Jahre lang.

Pater Köster: Auf die Münchner Zeit bezogen.

Schwester Lea: Weißt du noch? Wir haben auch privat viel zusammen unternommen. Theater, Kino, Reisen. Während meines Studiums und später auch bei Missio habe ich für das Bayerische Pilgerbüro Reiseleitungen übernommen und du die geistliche Leitung.

Pater Köster: Deine Mutter fuhr auch immer mit.

Schwester Lea: Mutti war früh Witwe geworden und litt sehr unter Einsamkeit. Darum hast du, auch wenn wir privat in die Ferien fuhren, darauf bestanden, dass sie mitkommt. Du hast immer großen Respekt vor älteren Menschen gehabt ...

Pater Köster: ... und du hattest keinen Respekt vor den Halbgöttern in Weiß.

Schwester Lea: Das verstehe ich nicht. Wie meinst du das?

Pater Köster: Du hast doch damals in München schon Himmel und Hölle in Bewegung gesetzt, damit mich Kapazitäten behandelten, wenn ich krank war. Denen bist du so auf die Nerven gefallen, dass die mich lieber zum Krankenkassentarif operierten, als dich länger ertragen zu müssen.

Schwester Lea: Das stimmt. Ich bin damals schon rumgerannt und habe tüchtige Ärzte für dich gesucht. Du selbst hast dich ja nie drum gekümmert. Schmerzen? Nicht drauf achten, stark sein!

Pater Köster: Männer weinen eben nicht. Jungs meiner Generation wurden noch so erzogen.

Schwester Lea: Trotz deiner Krankheiten hast du die Gründung eines Instituts für missionstheologische Grundlagenforschung vorangetrieben. Das IMG sollte Missio eine wissenschaftliche Ausrichtung geben, mehr geistiges Gesicht und theologisches Gewicht. Du hattest die Idee, du hast das Konzept erdacht und bei Kardinal Ratzinger, damals Erzbischof von München und Freising, für die Realisierung gekämpft ...

Pater Köster: ... doch so richtig ist nie was draus geworden. Graue Theorie, Theorie, Theorie.

Schwester Lea: Deswegen hast du gekündigt. Mit unserer Zusammenarbeit war es vorbei.

Pater Köster: Aber wir wollten doch wieder was zusammen auf die Beine stellen! Ein gemeinsames pastoraltheologisches Projekt. Etwas in Richtung der Rural und Urban Missionaries, die wir auf unserer Philippinen-Reise kennengelernt hatten: Ordensleute aus verschiedenen Gemeinschaften, die nicht mehr in Klöstern lebten, sondern mit den Armen auf dem Land oder in den Slums.

Schwester Lea: Ein Projekt dieser Art hatte ich auch 1979 in Tansania besucht, wo ich mit meinem besonders aktiven Dritte-Welt-Arbeitskreis aus dem Münchner Priesterseminar war. Ein einheimischer Bischof arbeitete mit pastoralen Teams, die mitten unter den Menschen in gemischtgeschlechtlichen Wohngemeinschaften lebten: Priester, Ordensfrauen, Katechetinnen und Katecheten.

Pater Köster: Damals war so was noch möglich, da war das Zweite Vatikanische Konzil noch nicht vergessen. Heute werden solche Projekte nicht mehr so gerne gesehen. Uns machten deine Ordensoberen ja dann auch einen Strich durch die Rechnung. Sie haben dich aus der Missio-Arbeit einfach so rausgerissen und dich für ein »theologisches Jahr« nach Rom geschickt.

Schwester Lea: Es war nicht nur Missio. Ich war ja inzwischen auch Dozentin im Fachbereich Sozialpädagogik an der Katholischen Universität in Eichstätt.

Pater Köster: Jedenfalls war Rom ein Schock für dich. Da hattest du Dozenten, die aus dem 19. Jahrhundert zu stammen schienen.

Schwester Lea: Oh je, ja! Das war meine härteste Zeit im Kloster. Wenn ich die regelmäßigen Briefe von dir nicht als positiven Ausgleich gehabt hätte, wäre ich völlig verzweifelt. Einer der Dozenten war ein Jesuit. Der hat mit uns den Gelübdekatechismus gepaukt. Mit Ordensfrauen, die allesamt vor langer Zeit ihre ewigen Gelübde abgelegt hatten! Ich war damals schon seit zwanzig Jahren im Kloster. Und dann muss ich mich von diesem Jesuiten über das Gehorsamsgelübde belehren lassen! Alltagsmenschen, sagte er, könnten vor Entscheidungen Rat einholen, aber entscheiden müssten sie letztlich selbst. Wir Ordensschwestern hingegen hätten unsere Entscheidungsbefugnis an die Frau Oberin abgetreten, das wäre doch eine große Erleichterung. Ich kann gar nicht in Worte fassen, wie mich das auf die Palme gebracht hat! Klar, ich hatte mich zum Gehorsam verpflichtet. Doch für mich bedeutete das, zu versuchen, den Willen Gottes zu erkennen. Was ist sein Auftrag an mich? Selbstverständlich in Absprache mit den Oberen. Aber doch nicht bedingungsloser Obrigkeitsgehorsam! Was war ich froh, als das Jahr in Rom vorbei war. Ich hoffte, dass ich zu meiner alten Arbeit in München zurückkehren durfte und mit dir ein neues, gemeinsames Projekt angehen ...

Pater Köster: ... vergeblich gehofft! Deine Oberin wollte dich wieder nach Ruanda schicken.

Schwester Lea: Das hab' ich abwenden können. Ich hatte mich ja in meiner Dissertation mit dem dortigen Bildungssystem intensiv auseinandergesetzt und dabei erkannt, dass wir den Ruandern einfach unser europäisches Bildungssystem übergestülpt hatten. Das wollte ich nicht mehr unterstützen. Den Ruandern zu helfen, einen eigenständigen Weg zu beschreiten, das wär's gewesen – in Ruanda die Basispädagogik umsetzen und die Theologie der Befreiung! Aber das war bei den Weißen Schwestern damals nicht angesagt. Ich wurde nach Kenia entsandt, um Lehrer fortzubilden.

Pater Köster: Das hat deine Oberin gewollt, aber der liebe Gott scheint es nicht gewollt zu haben. Als du in Mombasa ankamst, haben deine Mitschwestern gesagt: »Lea, wir brauchen dich gar nicht für die Lehrerfortbildung, dafür haben wir einheimische Lehrkräfte.« Und das hat dich veranlasst ...

Schwester Lea: ... mich um ausgegrenzte, an den Rand gedrängte Menschen zu kümmern. In Mombasa waren das vor allem Prostituierte. Denen ging's am dreckigsten.

Pater Köster: 1985 hast du dann Solwodi gegründet ...

Schwester Lea: ... mit ausdrücklicher Erlaubnis der kenianischen Provinzialoberin: Marie Heintz, eine Amerikanerin. Sie hat mich immer sehr unterstützt. Es gibt eben auch solche Oberinnen. Als ich 1988 Solwodi Deutschland gründen wollte, hatte ich großes Glück, weil Marie Heintz gerade Generaloberin geworden war – ich bekam grünes Licht von höchster Stelle. Auch meine Provinzialoberin in Trier legte mir keine Steine in den Weg, im Gegenteil. Ich hatte Kenia ja 1987 Knall auf Fall verlassen müssen ...

Pater Köster: ... wegen der Geheimpolizei des Diktators Moi, der deine Arbeit nicht sonderlich schätzte, weil sie abträglich für das Geschäft mit den Sextouristen war.

Schwester Lea: Ich weiß nicht, ob das der Grund gewesen ist, mag sein. Jedenfalls hast du mir in Baldham bei München, wo du inzwischen Pfarrer warst, im Pfarrhaus Unterschlupf gewährt. 1988 sind wir dann in die Hirzenacher Propstei gezogen.

Pater Köster: Du, Solwodi Deutschland und ich.

Schwester Lea: Fritz, ich bitte dich, *du* bist hier der Hausherr!

Pater Köster: Nein, das ist das Bistum Trier.

Schwester Lea: Jedenfalls nenne ich dich immer insgeheim meinen heiligen Franziskus, weil Solwodi und ich dir diesen wunderschönen Ort zu verdanken haben.

Pater Köster: Das ist aber ein bisschen zu viel der Ehre.

Schwester Lea: Die steht dir zu! Als du an die Theologische Hochschule in Vallendar berufen wurdest, wolltest du nebenberuflich unbedingt pastoral tätig sein. Die reine Theorie befriedigt dich nicht, du brauchst auch immer die Praxis. Als du dich nach einer vakanten Pfarrstelle umschautest, hast du sehr genau darauf geachtet, dass das Pfarrhaus groß genug für Solwodi ist. Ich suchte doch damals verzweifelt Räume, dabei hatte ich keinen Pfennig Geld. Und dann hast du dafür gesorgt, dass Solwodi hier keine Miete zahlen muss.

Pater Köster: Das hast du nicht mir, sondern Bischof Spital zu verdanken.

Schwester Lea: Bei dem du ein gutes Wort für mich eingelegt hast.

Pater Köster: Der hat aber damals gesagt, ich soll aufpassen, dass du alles richtig machst.

Schwester Lea: Was mich sehr geärgert hat!

Pater Köster: Mir hat's gefallen.

Schwester Lea: Du Chauvi!

Pater Köster: Siehst du, jetzt streiten wir uns schon wieder.

Schwester Lea: Manchmal ist das sehr anstrengend, manchmal sehr lustig und oft ungemein inspirierend.

Pater Köster: Das Leben wäre doch langweilig ohne Streiten. Man muss nur lernen, richtig damit umzugehen.

Kinder sind Rätsel von Gott – schwerer zu lösen als alle anderen

Klein ist, mein Kind, dein erster Schritt.
Klein wird dein letzter sein.
Den ersten gehen Vater und Mutter mit,
den letzten gehst du allein.
Sei's um ein Jahr und du gehst, mein Kind,
viel Schritte unbedacht.
Wer weiß, was das dann für Schritte sind
im Licht und in der Nacht.
Geh mutgen Schritt, tu tapfren Tritt.
Groß ist die Welt und dein.
Wir werden, mein Kind, nach dem letzten Schritt
wieder beisammen sein.

Albrecht Goes

Schwester Lea: Hör mal, Fritz, die Trixi hat in der Schule Erziehungsstile durchgenommen.

Pater Köster: Welche denn?

Schwester Lea: Autoritär, antiautoritär, partnerschaftlich. »Wie haben der Fritz und ich dich denn wohl erzogen?«, hab' ich sie gefragt. »Eine Mischung aus partnerschaftlich und autoritär«, meinte die Trixi. Dass sie den antiautoritären Erziehungsstil bei uns nicht erlebt hat, findet sie gut. Sie sagte: »Kinder wissen doch noch gar nichts. Denen muss man doch irgendwie zeigen, wo's lang geht. Die kann man doch nicht blind alle Fehler wiederholen lassen, die Erwachsene bereits gemacht haben.« Trixi hat ernsthaft darüber nachgedacht.

Pater Köster: Das kann man wohl sagen.

Schwester Lea: Wie schnell die Zeit vergeht. (*seufzt*) Mir scheint's, als ob's gestern gewesen wäre, dass Trixi und Jojo zu uns kamen: 1989 – da waren sie noch Babys. Kinder im Pfarrhaus hatten wir überhaupt nicht eingeplant. Ich wollte Migrantinnen in Not helfen, aber dann stellte ich fest: Diese Frauen bringen oft Kinder mit nach Deutschland oder kriegen hier welche. Dass die Mütter was lernen, um auf eigenen Füßen zu stehen, geht nur, wenn ihre Kinder gut untergebracht sind. Trixi war bei jungen Pflegeeltern untergekommen, die schon ein Kind hatten und ein zweites wollten. Kaum, dass sie bei denen war, wurde die Frau schwanger. Sie sagte, drei Kinder wären ihr zu viel, und Trixi kam in die nächste Pflegefamilie, ebenfalls ein junges Ehepaar. Prompt wurde diese Frau auch schwanger. Viermal ging das so. Nicht zu fassen! Kurz hintereinander vier Pflegefamilien und jedes Mal eine Schwangerschaft, sobald die Trixi auftauchte! Schließlich habe ich beschlossen: »Sie kommt zu uns ins Pfarrhaus, denn es ist nicht zu befürchten, dass ich schwanger werde.« (*beide lachen*)

Pater Köster: (*wieder ernst*) Ich erinnere mich etwas anders daran als du's gerade geschildert hast. Wir sind im Sommer 1988 hier eingezogen, kurz darauf standen die ersten Frauen vor der Tür, die zu Solwodi wollten – einige hatten Kinder. »Was passiert mit denen?«, habe ich euch gefragt. Und dann die verlegene Antwort: »Für die müssen wir ein Kinderheim finden.« Da bin ich richtig wütend geworden: »Die kommen nicht ins Heim! Auf keinen Fall! Wir richten lieber im Pfarrhaus ein Kinderzimmer ein.« Anfangs hatten wir doch vier Kinder hier.

Schwester Lea: Ja, das stimmt. Aber der Auslöser war Trixi. Die anderen Babys – eins davon der Jojo – gesellten sich nach und nach hinzu. Als es vier waren, haben wir eine Kinderschwester eingestellt, weil es sonst für uns nicht mehr zu schaffen gewesen wäre.

Pater Köster: Die hatten wir nicht lange, weil sie nicht zurecht kam mit den Kindern. Damals lebten noch viele junge Familien in Hirzenach. Denen habe ich dann sonntags eine Moralpredigt gehalten – na ja, so'n bisschen. (*lacht*) »Beten kann jeder, das ist leicht«, hab' ich in der Kirche gesagt. »Aber wie wär's denn, wenn Sie der Schwester Lea und mir stundenweise unsere Kinder abnehmen würden?« (*lacht lauter*) »Sie haben ja welche im gleichen Alter, das ist doch ein Abwasch!« Die Moralpredigt hätte ich mir schenken können – die Hirzenacher muss man ja nie lange bitten, wenn man Hilfe braucht.

Schwester Lea: Das ist wahr, die Leute hier sind sehr hilfsbereit. Aber ich meine, mich zu erinnern, dass unsere Nachbarn die Kinder erst mitbetreut haben, als sie schon größer waren und nicht mehr gewickelt werden mussten. Bis dahin warst du die Kinderschwester, Fritz! Du hast dich viel mehr um die vier Babys gekümmert als ich. Ich war so mit Solwodi beschäftigt – es war ja die Gründungsphase hier in Deutschland. Du warst nebenberuflich Seelsorger in Hirzenach und hauptamtlich Professor an der Theologischen Hochschule in Vallendar, aber dein Lehrauftrag ruhte lange ...

Pater Köster: ... weil ich mal wieder schwer krank gewesen war. Die Rekonvaleszenzzeit habe ich dann mit Windeln wickeln und Fläschchen wärmen verbracht, was ich als ungemein erfüllend empfand – hoffentlich die Kinder auch.

Schwester Lea: Ganz bestimmt!

Pater Köster: Der Jojo ging anfangs abends zu seiner Mutter. Die wohnte damals noch in Hirzenach. Nach der Arbeit kam sie hier vorbei und holte ihn ab. Morgens brachte sie ihn schon um fünf, halb sechs ...

Schwester Lea: ... Jojos Mama machte eine Lehre in einer Bäckerei, da musste sie früh anfangen ...

Pater Köster: ... und einer von uns beiden musste in der Herrgottsfrühe aufstehen, um den Jojo in Empfang zu nehmen.

Schwester Lea: (*lacht*) Wenn der *mich* morgens sah, hat er sich die Mütze immer ganz tief ins Gesicht gezogen, über die Augen, bis zur Nasenspitze. Machtest *du* ihm die Tür auf, flog die Mütze in weitem Bogen weg. Das war Liebe auf den ersten Blick zwischen euch beiden.

Pater Köster: (*lächelt verträumt*) Ja, das war es ... Dass er bei der Mama übernachtet hat, war für alle Beteiligten ziemlich anstrengend. Darum habe ich ihr vorgeschlagen, dass er ganz zu uns kommt.

Schwester Lea: Damit war sie einverstanden und er wollte es auch. Die Mama hat seine Sachen in eine Plastiktüte gepackt und er bestand darauf, sie selbst zu tragen. Dieser kleine Furz, der kaum gehen konnte! Durchs ganze Dorf hat er die Tüte hinter sich her geschleift und ist hier eingezogen.

Pater Köster: Wann fing er eigentlich an, mich »Schisser« zu nennen?

Schwester Lea: Du hattest den Jojo draußen im Garten auf dem Arm, ein Hund kam vorbei ...

Pater Köster: Ach, jetzt weiß ich's wieder. Das war so'n kleiner Kläffer, und der Jojo hat sich furchtbar erschrocken. Er war ja ein schmächtiges Kerlchen mit riesengroßen dunklen Augen. Dicke Tränen kullerten heraus. »Du brauchst nicht zu weinen, Jojo«, hab' ich ihn getröstet, »ich bin doch bei dir!« Das hat nichts genützt. Der Hund kläffte weiter, und der Jojo geriet noch mehr in Panik – er zitterte und bebte. Ich habe ihn fest an mich gedrückt und ihn ein wenig geneckt: »Du bist ja ein kleiner Angsthase. Ein richtiger Schisser.« (*lacht*) Und dann guckt der mich an und sagt: »Schisser«. Ich glaub', das war sein erstes Wort.

Schwester Lea: Lange nach dieser Episode im Garten stand er vor meiner Bürotür. An der hing ein Foto vom Solwodi-Vorstand mit dir als stellvertretendem Vorsitzenden. Jojo hat mit seinem Fingerchen auf dich gezeigt und wieder »Schisser« gesagt.

Pater Köster: Da hatte ich den Namen weg. Die Trixi nennt mich heute noch so.

Schwester Lea: Aber der Jojo nicht mehr.

Pater Köster: Weil er jetzt erwachsen sein will! Vor zwei Jahren, da war er fünfzehn, verkündete er: »Ich sage nicht mehr Schisser zu dir, ich nenne dich jetzt Fritz! Ist das okay?« – »Mir soll's recht sein«, habe ich entgegnet.

Schwester Lea: Geht's dir auch so mit dem Jojo wie mir mit der Trixi? Ich denke oft, wenn ich eine leibliche Tochter hätte, dann wäre die genauso wie sie. Trixi war ein flottes, temperamentvolles kleines Mädchen. Die hatte keine Angst, die ist überall raufgeklettert. Als das Pfarrhaus angestrichen wurde, ist sie das Gerüst hoch, bis ganz oben. Ich stand unten und wäre fast vor Angst gestorben. Da begriff ich erst, was Eltern aus Sorge um ihre Kinder durchmachen. Dabei war ich als kleines Mädchen genauso. Wild – und eitel! Als Kleinkind, das kaum sprechen konnte, guckte Trixi mich, wenn sie was Neues anhatte, erwartungsvoll an und fragte: »Bin ich schick?« (*beide lachen*) Der Jojo hat so viel von dir, Fritz. Er ist auch sehr sensibel, sehr verschlossen und überaus witzig, wenn er will. Es wird ja momentan so viel darüber diskutiert, was mehr prägt: die Sozialisation oder die Gene. Ich tendiere mehr in Richtung Sozialisation.

Pater Köster: Wahrscheinlich ist es beides. Was die Sozialisation betrifft, scheint – nach allem, was ich darüber gelesen habe – die frühkindliche Phase extrem wichtig zu sein. Und die war, als die Kinder zu uns kamen, schon gelaufen. Wie, können wir nur ahnen. Wir hatten ja anfangs zwei Mädchen und zwei Jungen hier: Trixi und Esther, Jojo und John. Der John war total kaputt, schon als Baby. Der hing wie ein Häufchen Elend, wie ein Jammerlappen in meinen Armen.

Schwester Lea: John war noch ein Säugling, als seine Mutter Solwodi um Hilfe bat. Sie blieb kurze Zeit, und plötzlich war sie weg, mit dem Kind. Eine Zeit lang hat sie bei wechselnden Freunden gewohnt, ist von Wohnung zu Wohnung gezogen. Auf einmal stand sie wieder vor unserer Tür, da war John fünf Monate alt. Ich war entsetzt, als ich ihn wieder sah. Ich dachte, das Kerlchen hat ja überhaupt keine Knochen. Der wirkte wie ein schlaffer Sack.

Pater Köster: Die Mutter ließ John dann bei uns. Er hat nur geweint und gewimmert. Wegen meiner Krankheit musste ich viel liegen, ich habe ihn mir auf den Bauch gelegt und seinen Rücken gestreichelt, unentwegt, rauf und runter. Das hat er genossen, aber er hob nie seinen Kopf. Ein Kleinkind in dem Alter hebt den Kopf, um zu gucken, weil es sich für seine Umgebung zu interessieren beginnt. John nicht. Eines Tages lag ich wieder mit ihm auf dem Sofa. Trixi und Esther kamen herein, irgendwer hatte ihnen einen Ball geschenkt, den sie mir zeigen wollten. Er war knallbunt und viel zu groß für die beiden. Trotzdem hab' ich sie ermutigt: »Ihr müsst ihn auf den Boden prallen, dann springt er bis zur Decke!« Esther war ja etwas älter als Trixi, bis zur Decke schaffte sie es nicht, aber es gelang ihr, den Ball hüpfen zu lassen: auf und ab. Da hob John zum ersten Mal seinen Kopf – das werde ich nie vergessen.

Schwester Lea: Du hast ihn ein Jahr lang gepäppelt, für seine Verhältnisse entwickelte er sich gut ...

Pater Köster: ... und dann ist die Mutter mit ihm zurück auf die Philippinen. (*Er schaut traurig aus dem Küchenfenster.*) Das ist ja das Problem von vielen Pflegeeltern. Man hat die Verantwortung und alle Pflichten, aber keine Rechte.

Schwester Lea: Mit den Mamas von Trixi und Jojo lief es von Anfang an gut, wir haben uns immer mit den beiden abgesprochen, wir sind mit ihnen eng befreundet ...

Pater Köster: ... aber mit der Mutter von John war es das totale Desaster.

Schwester Lea: Die hat ihren Sohn teilweise völlig vernachlässigt und dann wieder überbemuttert. Weiß du noch, Fritz? Wenn sie ihn fütterte, stopfte sie ihn immer so lange mit Essen voll, bis er sich erbrach.

Pater Köster: Manchen Leuten müsste man eigentlich das Kinderkriegen verbieten.

Schwester Lea: Das geht doch nicht, Fritz! Aber ich denke auch, dass Eltern oft zu viele Rechte haben. Der Staat müsste konsequent Partei für die Kinder ergreifen und das Kindesrecht höher bewerten als das Elternrecht. Viele Eltern handeln ja nicht bewusst verantwortungslos. Sie sind einfach unfähig, Kinder großzuziehen, weil sie früher selbst Kinder waren, denen Gewalt angetan wurde oder die man bis zur Verwahrlosung vernachlässig hat.

Pater Köster: Aber es ist sehr, sehr schwierig, unfähigen Eltern die Kinder wegzunehmen und denen dann eine gute Alternative zu bieten. Kinderheime sind ja auch keine Lösung.

Schwester Lea: Sie wären es, wenn der Staat mehr Geld dafür ausgeben würde: Kleinstgruppen mit qualifizierten Betreuern sind teuer. Aber es gibt sehr engagierte Pflegeeltern. Doch die müssen immer damit rechnen, dass ihnen die Kinder wieder entzogen werden, weil die leiblichen Eltern rechtlich besser gestellt sind.

Pater Köster: Erziehungsunfähigkeit ist nicht nur ein Problem der sogenannten Unterschicht. Das betrifft auch die Mittel- und Oberschicht. Ich hab's doch in München erlebt! Weißt du noch, die Pfarrei in dem Villenviertel? Da brachte sich einmal im Monat ein Jugendlicher um. Kinder hoch angesehener Familien, in Politik und Wirtschaft einflussreich, warfen sich vor die S-Bahn. Ich als Pfarrer musste Trauergespräche mit den Eltern führen. Sie konnten es einfach nicht begreifen, warum ihre Kinder nicht mehr leben wollten. »Unser Sohn oder unsere Tochter«, hörte ich dann, »hatte doch alles, was man sich nur wünschen kann.« Manchmal haben mir die Eltern die Zimmer ihrer toten Kinder gezeigt. Da war wirklich alles, denen hätte man mit nichts mehr eine Freude machen können ...

Schwester Lea: ... außer mit Liebe und Zuwendung.

Pater Köster: Diese Jugendlichen brachten sich um, weil die Eltern nie Zeit für sie hatten. Wenn sich beide, Mutter und Vater, rund um die Uhr beruflich auspowern, ist das immer schlecht fürs Kind.

Schwester Lea: Das finde ich auch. Kinder sind etwas Kostbares, dem man viel Zeit widmen muss, um die Begabungen und Fähigkeiten, die in ihnen stecken, zur Entfaltung zu bringen. Wie bei einem Rohdiamanten, den erst der Schliff richtig funkeln lässt. Viele Kinder haben überhaupt keine Chance. Entweder sie verwahrlosen, weil sich keiner um sie kümmert, oder sie werden so mit Gewalt traktiert, dass sie Zeit ihres Lebens Krüppel bleiben. Psychische Krüppel.

Pater Köster: Darum ist Erziehung so wichtig.

Schwester Lea: Als die Kinder zu uns kamen, wussten wir doch gar nicht, wie das geht – erziehen.

Pater Köster: Ich glaube, kaum jemand weiß das heutzutage noch. Weil alle so ratlos sind, boomen ja die Erziehungsratgeber so auf dem Buchmarkt. Bei uns beiden kommt noch erschwerend hinzu, dass sich für uns als Zölibatäre die Frage, wie man eigene Kinder erzieht, früher nie gestellt hat. Für mich gibt's inzwischen nur eine Antwort darauf: Ein guter Erzieher muss beobachten können. Zum Beispiel unsere zwei. Die sind gleichaltrig und zusammen hier aufgewachsen, trotzdem sind sie völlig unterschiedlich. Darum muss man mit dem Jojo ganz anders umgehen als mit der Trixi. Aber wer sagt mir, wie ich das machen soll? Das sagt mir keiner! Da kann ich nur immer wieder genau hingucken, um herauszufinden: Was könnte für die Trixi jetzt richtig sein, was für den Jojo? Aufmerksam hinschauen und zuhören – ein anderes Erziehungsprogramm habe ich nicht. Du hast mir ja früher oft den Vorwurf gemacht, ich zöge den Jojo vor. (*lacht*) Da kam dann deine feministische Solwodi-Theorie ins Spiel: Männer haben was gegen Mädchen. (*wieder ernst*) Aber Jojo durchlebt oft ganz andere Phasen als Trixi, die beiden kann man nicht über einen Kamm scheren. Die Trixi war von Anfang an pflegeleichter. Den Jojo musste man vom Mittagsschlaf jeden Mittag nach dem Essen neu überzeugen. Die Trixi legte sich einfach hier in der Küche auf die Eckbank und schlief. Das war insgesamt sehr deutlich bei den beiden, dass die eine extrem unterschiedliche frühkindliche Sozialisation hinter sich hatten. Die Trixi eher ausgeglichen – der Jojo eher ängstlich ...

Schwester Lea: ... aber gleich behandeln muss man sie schon! Du hast vorhin gesagt, dass auf dem Buchmarkt Erziehungsratgeber boomen. Im Fernsehen erzielen Super-Nannys zurzeit höchste Einschaltquoten. Diese TV-Gouvernanten bringen Eltern vor laufender Kamera bei, wie man Grenzen zieht und Regeln aufstellt. Dafür brauchten wir keine Super-Nanny, das haben wir von Anfang an gemacht: bei beiden

Kindern gleich! Ein strukturierter Tagesablauf, regelmäßige Mahlzeiten. Frühstück, Mittagessen, Abendbrot zusammen. Das war uns immer besonders wichtig und ist es heute noch. Mittags geht's manchmal nicht wegen der Schule, aber ...

Pater Köster: ... samstags, sonntags, feiertags fast immer. Das durchzusetzen, ist natürlich schwieriger geworden. In der Pubertät machen die Eltern ja alles falsch, wie die Kinder finden. Die am Wochenende zum gemeinsamen Frühstück zu bewegen, ist jedes Mal ein Kampf. Heutzutage ist es »in«, dass Jugendliche am Samstag und Sonntag bis zwölf Uhr im Bett liegen; die Freundinnen und Freunde dürfen das ja auch; nur wir zwei Oberstrengen gestatten das nicht. Es ist auch »in«, dass Vierzehnjährige nachts erst um ein, zwei Uhr nach Hause kommen. Als unsere beiden vierzehn waren, durften sie, wenn sie am anderen Tag keine Schule hatten, bis 22 Uhr raus. Mit sechzehn mussten sie um 23 Uhr zu Hause sein. Erst jetzt, mit siebzehn, erlauben wir ihnen, nach Mitternacht heimzukommen.

Schwester Lea: So ganz großzügig bin ich da bei der Trixi nicht. Nach einem Mädchentreffen bei einer Freundin übernachten – okay. Aber wenn sie irgendwo 'ne Party feiert, hole ich sie lieber spät nachts noch ab.

Pater Köster: Jojo lässt sich nicht mehr abholen. Das findet der total uncool.

Schwester Lea: Oder Fernsehen. Als die beiden noch jünger waren, durften die bestimmte Sendungen gucken, danach wurde der Fernseher konsequent abgeschaltet.

Pater Köster: Die mussten sich einfach an bestimmte Spielregeln halten. Aber die ändern sich natürlich. Gerade jetzt im pubertären Alter muss man dauernd jonglieren: Was ist noch zumutbar und was nicht mehr? Manchmal jonglieren die Kinder auch mit uns Erwachsenen. Erinnerst du dich an den Fernsehkampf, den ich mit der Trixi ausgefochten habe? Sie war elf oder zwölf und musste an Schultagen um 21 Uhr ins Bett. Eines Abends wollte sie unbedingt aufbleiben, um einen Film zu sehen, der um 22 Uhr lief. »So spät abends guckst du dir keine Filme mehr an«, habe ich gesagt, »du gehst um neun ins Bett, basta!« Danach herrschte Funkstille zwischen uns, zwei Tage hat sie mich mit Missachtung gestraft und kein Wort mit mir geredet. Und dann sagte sie auf einmal: »Heute übernachte ich bei der Mama.« Ich habe ja grundsätzlich überhaupt nichts dagegen, aber in diesem Fall wusste ich genau: Die Trixi will zur Mama, weil sie hofft, bei der die Filme sehen zu dürfen, die sie bei mir nicht sehen darf. Sonst schlief Trixi nur an Wochenenden und in den Ferien bei ihrer Mutter, aber auf einmal ständig mitten in der Woche. Schließlich habe ich zu ihr gesagt: »Du kannst gern deine Mama besuchen, aber nicht, um dir von ihr zu holen, was du bei uns nicht kriegen kannst. Dieses ewige Hin und Her gestatte ich nicht mehr. Du musst dich entscheiden: Willst du hier wohnen bleiben oder willst du lieber bei der Mama wohnen?«

Schwester Lea: Ich fand das zu hart, aber ich hab's mit dir durchgezogen. Wir haben dann Trixis Mutter eingeladen und ihr erklärt, um was es uns ging. Sie war auch auf unserer Seite.

Pater Köster: Und Trixi hat sich entschieden, bei uns zu bleiben. Damit war der Fernsehkampf beendet. Von nun an ging sie abends wieder ohne zu murren um neun ins Bett.

Schwester Lea: Eigentlich hattest du's relativ leicht mit der Trixi, als sie in die Pubertät kam. Da war sie plötzlich ein Herz und eine Seele mit dir, vorher war sie's mit mir gewesen, aber nun nicht mehr. Die hat richtig gegen mich rebelliert. Sie war elf, da hat sie mich angebrüllt: »Du verbietest mir alles! Wenn ich achtzehn bin, ziehe ich aus!« Die hat gar nicht mehr mit mir geredet, die hat nur noch gezetert. Und ich habe mich entsetzt gefragt: »Um Gottes willen, was habe ich diesem Mädchen denn angetan?« Ihre Rebellion gegen mich hat mich tief erschüttert. Ich habe Pädagogik und Erziehungswissenschaften studiert, theoretisch weiß ich über die Phasen der Pubertät Bescheid; aber das hat überhaupt nichts mit der Praxis zu tun. Nichts mit den Gefühlen, die man als Mutter hat, wenn die Tochter sie plötzlich wie eine Feindin ablehnt. Nichts mit dem Kummer über die sich verschlechternden Schulnoten. Nichts mit der Sorge, dass die pubertierenden Kinder auf die schiefe Bahn geraten könnten.

Pater Köster: Beim Jojo ging's erst später los mit der Rebellion, so mit fünfzehn, sechzehn. Bis dahin war er im Internat gewesen, aber er wollte nicht mehr da bleiben, und ich habe ihn nach Hause geholt. Als er wieder hier war, dachte er: »Jetzt kann ich machen, was ich will.« Der ließ sich nichts mehr sagen, weder von dir noch von mir. Nur was seine Freunde sagten, zählte noch.

Schwester Lea: Aber ich glaube, er hat die Krise überwunden.

Pater Köster: Ja, in letzter Zeit ist er wieder unheimlich anhänglich. Er umarmt mich und hält meine Hand, wie damals, als er fünf war. Er weiß es wieder zu schätzen, dass hier sein Zuhause ist. Zwar sind sie fast erwachsen, aber sie sind auch immer noch Kinder. Das ist eine Gratwanderung für alle Beteiligten. Die haben's mit uns ja auch nicht immer leicht. Neulich saß der Jojo bei mir im Arbeitszimmer, als ein Freund anrief und fragte: »Wie geht's denn deinen Kindern?« – »Ach«, habe ich gesagt, »unsere beiden haben jetzt ihre schwierigen Jahre. Aber wir sind momentan ja auch sehr schwierig für sie.« (*lacht*) Da hat der Jojo breit gegrinst, und ich habe so getan, als sähe ich das gar nicht. Wie schon gesagt: Man muss eben dauernd gucken, was bei denen gerade los ist. Die sind wie das Wasser in einem Kessel, der über einem Feuer hängt. Mal ist es ganz ruhig, mal hört man es leise köcheln und dann – plötzlich – brodelt es hoch und kocht über.

Schwester Lea: Ich glaube, dass es heute schwieriger ist, als es früher war: Die sogenannten Peergroups haben auf Jugendliche wesentlich mehr Einfluss als das Elternhaus.

Pater Köster: Und ich denke, dass es für uns noch schwieriger ist als für andere Eltern. Wir sind ja ein Pfarrhaus. Das heißt: ein religiöses Haus. Was ist denn mit der religiösen Erziehung unserer Kinder? Deiner und meiner Generation ist die Religion ja oft mit dem moralischen Zeigefinger aufgezwungen worden. Das wollte ich bei unseren beiden auf keinen Fall wiederholen. Neulich kam der Jojo in mein Arbeitszimmer, baute sich provozierend vor meinem Schreibtisch auf und sagte: »Du, Fritz, ich glaub' an nix mehr!« Ich habe die Ruhe bewahrt und entgegnet: »Es gibt Leute, die glauben, es gibt Leute, die nichts glauben, und es gibt Leute, die zweifeln und sich um eine Entscheidung in die eine oder andere Richtung bemühen. Bei dir muss ja auch noch nicht das letzte Wort darüber gesprochen sein. Beim Erwachsenwerden denkt man über diese Dinge nach. Vielleicht kommst du ja doch noch zu einem anderen Ergebnis, vielleicht aber auch nicht. Du musst aber weiter darüber nachdenken.« Das hat er mir dann auch versprochen. Als Pfarrer müsste ich eigentlich entsetzt sein: »Um Gottes willen, ich habe einen Atheisten herangezogen!« Eigentlich hätte ich mit dem Jojo schimpfen müssen. Aber das bringt nichts, so ist es halt. Manchmal muss man sie eben ermutigen, selbst zu einer Lösung zu kommen, selbst ihren Weg zu finden. Oft muss man ihnen aber auch immer noch wie einem kleinen Kind sagen: »Bis hierher und nicht weiter!«

Schwester Lea: Aber es gibt Grund zur Hoffnung, Fritz. Weißt du noch? Als wir neulich den Einkehrtag für den Pfarrgemeinderat machen wollten, hat der Jojo plötzlich gesagt: »Ich komme mit!« Die Trixi hat mich auch in Staunen versetzt. Früher habe ich jede Fastenzeit zu den beiden gesagt: »Bei uns zu Hause war es so üblich, in der Fastenzeit auf etwas zu verzichten, das einem lieb und teuer ist.« Das haben unsere beiden nie getan. Darum hab' ich's in diesem Jahr gar nicht erst angesprochen. Da kommt die Trixi von sich aus auf mich zu und sagt: »Du, Lea, ich hab' mir was für die Fastenzeit vorgenommen.« – »Was denn?« – »Ich esse vierzig Tage kein Fleisch und keine Süßigkeiten.« Die hat das durchgehalten, bis zum Schluss, ohne sich eine einzige Ausnahme zu gestatten. Ich hatte mir vorgenommen, keinen Alkohol zu trinken. Ich war ein paarmal eingeladen und hätte normalerweise gesagt: »Das ist jetzt eine Ausnahmesituation, ein Gläschen Wein darf's sein.« Aber weil die Trixi so konsequent war, hab' ich gedacht: »Das kann ich dem Kind nicht antun.« Erziehung ist auch eine Frage der Glaubwürdigkeit.

Pater Köster: Das Wort »Vorbild« mag ich aber nicht. Das hört sich immer an wie: »Du musst sein oder werden wie ich! Ich bin super, halt dich an mich!«

Schwester Lea: Ich mag das Wort auch nicht. Aber man kann schon sagen, finde ich, dass wir das, was wir von den Kindern verlangen, auch selbst zu leben versuchen. Ich habe doch Prinzipien. Ich will so gut wie möglich in die Tat umsetzen, wovon ich überzeugt bin. Ich bin überzeugt davon, dass man arbeiten muss, dass man sich anstrengen muss, dass man ehrlich miteinander sein muss, dass man soziale Verantwortung übernehmen muss, dass man ...

Pater Köster: ... wir versuchen zu vermitteln, dass es bestimmte Werthaltungen gibt. Aber man muss Kindern auch die Freiheit lassen, selbst zu entscheiden: »Ich meine das, aber es kann sein, dass für dich ein anderer Weg richtig ist.« Vor allem müssen Kinder das Gefühl haben, dass man sie einfach gern hat und sie auch dann akzeptiert, wenn sie mal Dummheiten machen. Zwar schimpft man darüber, aber es ist auch schnell wieder vergessen; man nimmt es ihnen nicht grundlegend übel.

Schwester Lea: Ich glaube, das ist ein wichtiger Aspekt. Dass man sich übereinander ärgert – bei mir sieht man das ja immer sofort, ich kann das nur schlecht verstecken –, aber nicht ewig beleidigt ist, sondern bereit zu verzeihen. Die grundsätzliche Wertschätzung des anderen ist entscheidend. Dennoch bin ich nicht für »laisser faire«. Das ist ja auch ein Erziehungsstil ...

Pater Köster: ... heute nennt man das die »Wohlfühlerziehung«. Weil sich Kinder immer wohlfühlen sollen, darf man ihnen keine Grenzen setzen ...

Schwester Lea: ... oder gewisse Prinzipien durchsetzen. Um auf die religiöse Erziehung zurückzukommen: Wir haben immer aufs Beten großen Wert gelegt. Das tun wir heute noch. Nicht nur in der Kirche, sondern auch vor dem Essen. Die Kinder sollen wissen: Da ist eine höhere, geistige Kraft, die wir in unser Leben einbeziehen, die auch in unserem Alltag eine bedeutende Rolle spielt.

Pater Köster: Das stimmt. Als die Kinder klein waren, haben wir auch jeden Abend an ihren Bettchen mit ihnen gebetet.

Nichts Vorformuliertes, sondern ein spontan selbst erfundenes Kindergebet, das aufgriff, was die beiden tagsüber erlebt hatten. Eines Abends beschwerte sich der Jojo – da war er acht: »Schisser, du machst ja viel zu viele Worte. Meine Mama sagt: ›Wir Buddhisten beten stumm.‹« – »Wie denn? Zeig das mal!« – Da setzte er sich im Schneidersitz aufs Bett, legte die Hände aneinander, mit den Fingerspitzen an den Lippen, und schloss die Augen. Es folgte die Aufforderung: »Mach du das auch mal so, Schisser!« Für den Schneidersitz waren meine lädierten Knochen nicht geeignet, aber ich schloss die Augen und hielt die Hände wie der Jojo. Absolute Stille im Raum. Ich weiß nicht, wie lange, wahrscheinlich nur zwei, drei Minuten; aber es kam mir unglaublich lang vor. »Mensch«, dachte ich, »der kleine Bursche meditiert ja richtig! Oder hat er sich klammheimlich fortgeschlichen? Jetzt guck ich aber mal, ob der überhaupt noch da ist.« Ich öffnete meine Augen und schaute direkt in seine. Der hatte mich die ganze Zeit beobachtet. (*beide lachen*)

Schwester Lea: Die Trixi ist ja von der Mama aus katholisch; sie war schon getauft, als sie zu uns kam. Jojos Mama ist Buddhistin; der war nicht getauft, als er hier einzog.

Pater Köster: Ich habe zu seiner Mama gesagt: »Lass den Jojo ruhig auch Buddhist bleiben! Falls du irgendwann nach Thailand zurückkehren solltest, ist es besser, wenn er weiß, wo seine Wurzeln sind.« Als er in die Schule kam, hat er allen verkündet: »Ich bin Buddhist.« Der Pastor, bei dem die Kinder Religionsunterricht hatten, fand das ganz schrecklich. Der konnte überhaupt nicht begreifen, dass ich bei mir im Pfarrhaus ein ungetauftes Kind aufziehe. Dieser Pastor verteilte im Religionsunterricht immer katholische Schriften für Kinder. Der Jojo bekam nie eins von diesen Heftchen, das hat ihn total erschüttert. Eines Tages – er war neun – kam er aus der Schule und sagte zu mir: »Hör mal, Schisser, ich lasse mich jetzt doch taufen!« – »Doch wohl nicht wegen diesem Pastor?« – »Nein, wegen dem nicht! Aber die anderen gehen bald alle zur Erstkommunion. Das ist ein großes Kinderfest. Da will ich auch dabei sein. Dann muss ich mich doch vorher taufen lassen.« – »Das müssen die Lea und ich aber erst mit deiner Mama besprechen.« Die hatte Bedenken. »Dann wird der Junge ja von meiner Religion entfremdet«, meinte sie. Woraufhin ich erwidert habe: »Am besten du handelst das mit ihm selbst aus.«

Schwester Lea: Das hat sie dann auch gemacht und ist von ihm überstimmt worden. Der Jojo hat so leidenschaftlich darauf bestanden, getauft zu werden und zur Erstkommunion zu gehen, dass sie letztlich nichts dagegen einwenden konnte.

Pater Köster: Und dann haben wir ihn an seinem zehnten Geburtstag ...

Schwester Lea: ... am 9. April 1999 ...

Pater Köster: ... hier in der Kirche getauft. Anschließend haben wir im Garten mit allen Kindern, die ein paar Wochen später mit Jojo zur Erstkommunion gingen, ein großes Fest gefeiert.

Schwester Lea: Der Pastor, bei dem die Kinder Religions- und Kommunionunterricht hatten, war sehr erstaunt über diese Wende.

Pater Köster: Für die meisten anderen Pastoren hier in der Gegend war es im Übrigen sehr ungewöhnlich, dass in einem Pfarrhaus Kinder aufwachsen. Ich weiß noch, als wir die vier Babys hier hatten, wurde eine Pastorenkonferenz zum Thema »Hauskapelle« einberufen. Jeder Pastor sollte in seinem Pfarrhaus einen privaten Gebetsraum einrichten. Hier gab's ja eine Hauskapelle, als wir eingezogen sind, aber die hatten wir dann zum Kinderzimmer umfunktioniert. Das habe ich denen auf der Konferenz erzählt. Die schauten mich an, als ob ich eine Todsünde begangen hätte. Da hab' ich noch eins draufgesetzt: »Kreuz und Tabernakel habe ich aus der Hauskapelle rüber in die Kirche gebracht, da gehören die doch hin, oder?« (*lacht*)

Schwester Lea: Aber sonst hat uns wegen der Kinder im Pfarrhaus keiner Schwierigkeiten gemacht. Unsere jeweiligen Ordensoberen hatten doch auch nichts dagegen.

Pater Köster: Überhaupt nicht! Das war schon wichtig, denn wir Ordensleute müssen ja das Geld, das wir verdienen, dem Orden geben. Weil wir Armut gelobt haben, dürfen wir nur behalten, was wir zum Leben brauchen. Kinder kosten viel Geld. Für unsere Orden bleibt da nichts übrig, aber deswegen hat nie einer gemeckert. Und wenn, dann hätte ich dem gesagt: »Was ist eigentlich Armut? Die kann doch nicht darin bestehen, dass ich mit dem Geld, das ich verdiene, zum Reichtum eines Ordens beitrage. Unter Armut verstehe ich, dass ich mein Geld mit Bedürftigen in meinem Umfeld teile.«

Schwester Lea: Meine Mitschwestern in Bad Salzig haben uns ja von Anfang an Weihnachten und Ostern mit den Kindern eingeladen. Nach der ersten Weihnachtsfeier mit Jojo und Trixi hat eine ältere Mitschwester zutiefst gerührt zu mir gesagt: »Jetzt, da ich die strahlenden Kinderaugen sehe, weiß ich erst, wie schön Weihnachten ist.« Kinder sind eine ungeheure Bereicherung, mit Kindern erlebt man alles viel intensiver. Auch hohe kirchliche Feiertage.

Pater Köster: Darum sage ich ja auch immer, dass ich vielen Pastoren ein Kind wünsche ... (*lacht*) ... aber vielen Kindern keinen Pastor. (*wieder ernst*) Du hast völlig recht: Kinder sind unglaublich bereichernd. Man lernt auch so viel durch sie. Allein was wir durch Trixi und Jojo von der heutigen Jugendszene mitkriegen. Die kommen manchmal mit Ausdrücken, bei denen ich überhaupt nicht weiß, was damit gemeint ist. Dann sagt die Trixi immer: »Grübel nicht, Schisser! Das verstehst du doch nicht.« (*lacht*)

Schwester Lea: Also für mich sind die Kinder im Pfarrhaus ein gelungenes Experiment. Für mich waren die Jahre mit Trixi und Jojo – trotz der Widrigkeiten in der Pubertät – eine sehr, sehr gute Zeit.

Pater Köster: Für mich auch – ich möchte keine Sekunde von den siebzehn Jahren missen. Aber immer, gerade jetzt in der Pubertät, denke ich an das Gedicht von Goes: »Wir werden, mein Kind, nach dem letzten Schritt, wieder beisammen sein.«

Die Bibel –

Aufforderung zum alternativen Leben

Der Satz, wonach alle Menschen Gottes Kinder sind,
wird gerne verwendet,
um Gottes Erwachsene zu verhindern.

Werner Schneider

Schwester Lea: Du, Fritz, momentan rennt ja alles ins Kino, um *Der Da Vinci Code* zu sehen. Der Film basiert auf dem Bestseller *Sakrileg* von Dan Brown. Dieser Autor behauptet: Der weiblich wirkende Jünger, der auf dem berühmten Gemälde »Das Abendmahl« von Leonardo da Vinci links von Jesus sitzt, wäre Maria Magdalena. In Buch und Film geht es um Geheimbünde und Verschwörungstheorien, das ist mir suspekt. Aber ich freue mich darüber, dass nun feministische Theologinnen, deren Erkenntnisse bis dato kaum beachtet wurden, wegen *Der Da Vinci Code* in den Medien als Expertinnen zu Wort kommen. Denn auf einmal fragt sich Hinz und Kunz: Welche Rolle spielen Frauen in der Bibel? Mir hat diese Frage vor zwanzig Jahren einen völlig neuen Zugang zur Bibel eröffnet. 1985 auf der Weltfrauenkonferenz in Nairobi habe ich einen Workshop über feministische Theologie besucht, in dem Savina Teubal ihr Buch *Sarah, die Priesterin* vorstellte. Wie kam diese Religionswissenschaftlerin darauf, dass Abrahams Frau genauso wichtig war wie er? Ich konnte es nicht glauben, das hatte ich noch nie gehört! Aber dann schlug Savina im Alten Testament Genesis 21,12 auf und las mir den Befehl Gottes an Abraham vor: »Hör auf alles, was Sarah dir sagt!« Ich hatte diesen Satz vorher nicht wahrgenommen, weil ich nie darauf aufmerksam gemacht worden bin – weder im Religionsunterricht noch im Theologiestudium.

Pater Köster: Feministische Theologinnen behaupten ja immer, dass die Bibel so frauenfeindlich wäre, weil sie von Männern für Männer geschrieben worden sei. Aber wir Katholiken nennen die Bibel ja »Wort des lebendigen Gottes«, und das richtet sich an alle Menschen.

Schwester Lea: Ich erinnere mich an eine Osterpredigt von dir, in der du das ganz anders erklärt hast – sinngemäß so: Die Bibel ist keine »Verbalinspiration«, die Gott den Autoren ins

Ohr geflüstert hat, sondern aufgeschriebene Erinnerung an Glaubenserfahrungen.

Pater Köster: Natürlich muss man sich vor Augen führen, wie die Bibel entstanden ist, wenn man sie verstehen will. Früher wurde ja tatsächlich die irrtümliche Vorstellung anerzogen, dass der liebe Gott den vier Evangelisten die Evangelien direkt in die Feder diktiert hat. Das wird auch heute noch vielfach angenommen – nicht nur von Fundamentalisten –, weil der Ausdruck »Wort des lebendigen Gottes« es nahelegt. Bei der Frage, wie die Bibel entstand, kommt es meiner Ansicht nach gar nicht so sehr darauf an, ob sie Männer geschrieben haben oder Frauen. Mir scheint wichtig zu sein, dass die biblischen Texte Erinnerungen von ganzen Gemeinden und Gemeinschaften sind, die dann Matthäus, Markus, Lukas und Johannes aufgeschrieben haben.

Schwester Lea: Jetzt sprichst du vom Neuen Testament; das Alte Testament ist sicher auf ähnliche Weise entstanden. Wie auch immer – es ist sehr interessant, die Bibel mal aus weiblicher Sicht zu lesen und sich zu fragen: Wo kommen Frauen vor? Wie kommen sie vor? Welche Erfahrungen mit Gott machen sie? In der kirchlichen Katechese werden solche Fragen ja kaum gestellt. Zum Beispiel Maria Magdalena. Ihr Name wird ganz selten genannt, obwohl sie als erster Mensch den Auferstandenen sah. Später sagt der heilige Paulus, der Jesus nicht begegnet ist und sich trotzdem Apostel nennt: »Wer Zeuge der Auferstehung war, ist Apostel.« Von daher ist Maria Magdalena als erste Zeugin am Grab Apostelin. Also hatte sie zur Zeit Jesu eine viel größere Bedeutung als die Kirche ihr später zuerkannte.

Pater Köster: Ich weiß nicht, ob man der Bibel gerecht wird, wenn man sie jetzt feministisch zu interpretieren versucht. Natürlich kann man da alles Mögliche herauslesen. Dass Maria Magdalena eine Apostelin war, dass Sarah eine wichtige Rolle gespielt hat und so weiter. Aber dass die Bibel ein Buch ist, das explizit feminine oder maskuline Aussagen machen will, bezweifle ich sehr.

Schwester Lea: Die Bibel bildet aber Erfahrungen einer Gesellschaft zu einer bestimmten Zeit ab. Im Alten Testament steht, dass der Sohn Davids seine Schwester missbraucht. Der Täter wird nicht zur Rechenschaft gezogen, doch das Opfer wird verstoßen. Diese Geschichte aus dem Zweiten Buch Samuel ist nur auf dem Hintergrund eines patriarchalischen Gesellschaftssystems zu verstehen. Das Buch Genesis ist viel früher in einem eher matriarchalen Umfeld entstanden, in dem Frauen noch nicht so unterdrückt wurden. Das und viel mehr wissen wir heute, weil sich seit einigen Jahren Theologinnen mit der Rolle von Frauen in der Bibel beschäftigen – es sind ja nicht immer Feministinnen, die das wissenschaftlich erforschen. Jedenfalls legt die Kirche die Bibel einseitig maskulin aus, da müssen wir Frauen sie doch feminin deuten dürfen – immerhin stellen wir die Hälfte der Menschheit. Wenn die Bibel ein Buch für alle Menschen ist, dann will ich mich als Frau auch darin wiederfinden.

Pater Köster: Ich habe eben gesagt: Wenn man die Bibel verstehen will, muss man wissen, wie sie entstanden ist. Nimm das Neue Testament! Es tradiert Erfahrungen aus den frühchristlichen Gemeinden. Die Evangelisten haben Jesus überhaupt nicht persönlich gekannt, die Evangelien sind Jahrzehnte nach seinem Tod geschrieben worden. Zuvor schöpften die frühen Christen aus der mündlichen Erzähltradition. Sich an die Worte und Taten Jesu gemeinsam durch Erzählungen zu erinnern, das war ein ganz wichtiger Punkt im damaligen Gemeindeleben. Nicht das Lesen der Bibel, die gab es da noch gar nicht! Aus der alexandrinischen Zeit stammt sogar die Ablehnung, solche mündlich überlieferten Geschichten aufzuschreiben. Wenn man sie schriftlich fixiert, hieß es, werden aus der lebendigen Erzähltradition des Volkes tote Buchstaben. Heute haben wir das Problem, aus den toten Buchstaben in der Bibel wieder lebensnahe Erzählungen zu machen. Dass sich Frauen darin wiederfinden, bestreite ich ja gar nicht. Du hast schon ein Beispiel aus dem direkten Umfeld von Jesus genannt: Maria Magdalena. Später in den frühchristlichen Gemeinden haben Frauen eine mindestens genauso große Rolle gespielt wie Männer. Paulus nennt eine ganze Reihe von Frauen, die frühchristliche Gemeinden geprägt und zum Teil sogar geleitet haben.

Schwester Lea: Trotzdem beharrt der Papst darauf, dass Frauen nie zu Priestern geweiht werden dürfen.

Pater Köster: Wenn der Papst seine katholische Lesart beibehält, wird das ja nicht mehr von der gesamten Christenheit befolgt. Früher war das so. Doch heute gibt es Alternativen zur römisch-katholischen Interpretation, weil sich das Denken plural entwickelt hat. Wer weiß, wie lange der Papst die Theorie, dass weibliche Priester nicht im Sinne Jesu wären, noch aufrechterhalten kann? Ich glaube, nicht mehr lange.

Schwester Lea: Viele religiöse Frauen sagen: »Ich habe Berufung, ich würde gerne eine Gemeinde leiten, ich möchte Gottesdienste feiern.« Da sie die Bibel kennen, vor allem die herausragende Rolle Maria Magdalenas, die eigentlich Apostelin sein müsste, können sie überhaupt nicht mehr einsehen, warum ihnen das nicht zugestanden wird.

Pater Köster: Die ganze Predigt der Bibel läuft auf den Reich-Gottes-Gedanken hinaus, aber in der römisch-katholischen Kirche hat sich ein Reich der Kirche daraus entwickelt. Sie beruft sich auf ihre maskulin geprägten Traditionen, wenn sie sagt: »Jesus hat mit ›Apostel‹ nur Männer gemeint, darum dürfen Frauen nicht Priester werden.« Aber Jesus ging es um das Reich Gottes und das Heil der Welt und nicht um eine Kirche römischen Stils. Im Reich Gottes, erzählt uns das Neue Testament, ist jeder Mensch wichtig: Männer, Frauen, sogar Kinder. In der Kirchenhierarchie hingegen haben nur Männer einen Platz – was auf Dauer nicht haltbar ist. Ich denke, wenn die Protestanten, die immer schon die Bibel in den Mittelpunkt gestellt haben, sagen: »Bei uns dürfen Frauen Pfarrer und Bischof sein« – dann tun sie das nicht, weil der Landesbischof X oder der EKD-Vorsitzende Y so frauenfreundlich ist; sie tun es, weil es dem biblischen Denken entspricht. Und da liegen diejenigen, die etwas anderes behaupten, einfach falsch – nicht nur die römisch-katholische Kirche, auch die orthodoxen Kirchen. Sören Kierkegaard hat einmal gesagt: »Christus will keine Bewunderer, sondern Nachfolger.« Damit waren nicht nur Männer und Amtsinhaber gemeint. Wo es um den Frieden in der Welt geht und das Heil der Menschen, werden alle wichtig. Aber die Männerkirche hat faktisch eine andere, stärkere Glaubensquelle entdeckt: die Tradition vor der Bibel!

Schwester Lea: Aber die Tradition ist doch aus dem biblischen Denken erwachsen.

Pater Köster: Das ist die große Frage. Es wird immer behauptet, dass die römisch-katholische Tradition in der Bibel wurzelt und im Grunde nichts anderes ist als die Entfaltung des Ursprünglichen. Ich behaupte: Diese Tradition kann durchaus eine Deformation des Ursprünglichen sein, was zu überprüfen wäre. In der römisch-katholischen Kirche lebt zum Beispiel die Tradition des Römischen Reiches weiter. Das hat dazu geführt, dass sie prächtige Paläste hat, monarchische Insignien und eine römische Rechtsauffassung – das ist die Fortführung der Kultur des alten Rom und nicht der Kultur in Jerusalem und Galiläa zur Zeit Jesu. Die römisch-katholische Tradition müsste am Ursprünglichen gemessen werden, an der Quelle, dem Neuen Testament. Aber nicht umgekehrt: die Quelle so interpretieren, dass die Tradition daraus begründbar ist. Die Frage ist nur: Was ist die Quelle, das Ursprüngliche, was hat Jesus wirklich gesagt und getan? Den viele Jahre nach seinem Tod entstandenen Evangelien liegen ja auch schon unterschiedliche Theologien zugrunde. Fest steht, dass Jesus überhaupt keine Priester geweiht hat, auch keine Bischöfe und keinen Papst – die zwölf Apostel sind nichts anderes als die Repräsentanten der zwölf Stämme Israels. Tatsache ist anscheinend auch: Die erste Osterbotschaft ist Frauen verkündigt worden; sie waren die Ersten am Grab und nicht die Männer; nicht die feigen Männer haben am Kreuz gestanden, sondern die mutigen Frauen; Männer haben Jesus verraten und nicht Frauen. Aber das ist kein Grund dafür, die Bibel maskulin oder feminin zu deuten. Wie kann man heute Zugang zu einem Text finden, der fast zweitausend Jahre alt ist, der aus einem ganz anderen Sprach- und Kulturraum kommt? Das ist die Frage, die sich stellt, und nicht, wie Frauen die Bibel interpretieren.

Schwester Lea: Warum betonst du das immer wieder, Fritz? Du äußerst so kluge Sachen, die ich prima finde, aber in der Frauenfrage bist du irgendwie vernagelt. Ich sag's noch einmal: Für heutige Frauen ist es offensichtlich wichtig, nachzuschauen und zu überprüfen, wie Frauen in der Bibel dargestellt werden. Gerade, weil die Kirche behauptet: Für bestimmte Aufgaben kamen bei Jesus die Frauen nicht infrage.

Pater Köster: Wir haben hier einen Bibelkreis, in dem fast nur Frauen mitmachen. Das ist in den meisten Bibelkreisen so. Meine Erfahrung dabei ist, dass die biblischen Texte so situationsgebunden und lebensnah geschrieben sind, dass Frauen eine viel größere Sensibilität dafür haben als Männer. Männer beschäftigen sich lieber mit Theorien, mit abstrakten Aussagen und Lehren, während Frauen anscheinend einen unmittelbaren Zugang zu den biblischen Texten haben. Insofern ist das ein Widerspruch zu der These, dass die Bibel, weil Männer sie geschrieben haben, sich mehr an Männer wendet und von diesen besser verstanden werden kann.

Schwester Lea: Man muss aber auch immer fragen: Wie ist das Neue Testament übersetzt und rezipiert worden? In seinem ursprünglichen Römerbrief hatte der Missionsapostel Paulus die frühchristliche Missionarin Junia als »herausragend« gerühmt – in späteren Übersetzungen wurde aus ihr kurzerhand ein männlicher Junius gemacht. Auch der sprichwörtliche Satz von dem Weib, das in der Gemeinde zu schweigen hat, soll erst nachträglich in den Paulusbrief eingefügt worden sein.

Pater Köster: Dass die Bibel eine maskuline Gesellschaft widerspiegelt, mag ja möglich sein. Fest steht, dass sie das Spiegelbild einer Rede- und Denkweise ist, die im praktischen Leben wurzelt. Wie schon gesagt: Das, was in der Bibel steht, ist mündlich von einfachen Leuten tradiert worden, bevor es aufgeschrieben wurde. Das sind Fischer und Handwerker gewesen, Männer und Frauen. Auf dem Boden dieser einfachen Leute aus dem Volke ist die Bibel gewachsen. Und diesen Boden muss man wieder finden, wenn man modernen Menschen einen Zugang zur Bibel erschließen will. Darin steckt ein Denken, das jeder verstehen kann, früher wie heute. Das ist keine große Theologie, die nur Fachleute verstehen. Aber wie erschließt man diesen Zugang? Da gibt es verschiedene Methoden: die feministische, die historisch-kritische, die symbolische und die tiefenpsychologische. Das Bibel-Teilen ist auch eine eigene Methode. Ich wende die existenzielle Methode an. Das heißt, ich bringe die biblischen Texte mit der Existenz von heutigen Menschen in Verbindung. »Inwiefern betrifft mich das selbst, was da steht?« Diese Frage muss sich jeder Leser sinnvoll stellen.

Schwester Lea: Das frage ich mich auch meist, darum mag ich die Gleichnisse so. Zum Beispiel: Da ist ein Mann, der fällt unter die Räuber und bleibt schwer verletzt liegen. Ein Priester kommt, sieht ihn und geht weiter, weil er einen wichtigen Termin hat ...

Pater Köster: ... der muss predigen.

Schwester Lea: Und dann erscheint ein Levit, auch ein hochgebildeter Mann aus einer angesehenen Gesellschaftsschicht, der geht ebenfalls vorbei. Zum Schluss kommt ein Fremder, ein Samariter – die waren in der damaligen Gesellschaft wenig geachtet. Der hilft sofort, er wäscht und verbindet die Wunden und gibt dem Ausgeraubten auch noch Geld. Wenn ich dieses Gleichnis lese, weiß ich: Auch wir heutigen Menschen sollen uns so verhalten wie dieser barmherzige Samariter. Da fällt mir dann auch immer sofort ein persönliches Beispiel aus meiner Jugend ein. Ich gehe am Sonntagmorgen bei Schmuddelwetter in einem neuen Kostüm zur Kirche. Ein Nachbar ist ausgerutscht und in den Matsch gefallen. Ich will mich aber nicht dreckig machen. Darum kehre ich zu unserem Haus zurück und klingele meine Mutter raus: »Du, Mutti, hilf mal! Der Nachbar liegt in der Matsche.« Das ist eine Geschichte, für die ich mich immer noch schäme.

Pater Köster: Genau das meine ich mit existenzieller Methode: Du hast dein eigenes Verhalten mit einem biblischen Text in Verbindung gebracht. Wie ich eben schon sagte:

Frauen verstehen das, was Jesus meinte und wollte, anscheinend besser und schneller als Männer. Die Pharisäer und Rechtsgelehrten waren auch ziemlich ungeeignet, das konkret zu verstehen. (*lacht*) Der Geist von Theoretikern gleicht eben oft einem Fallschirm, der sich im Ernstfall nicht öffnet.

Schwester Lea: In diesem Zusammenhang fällt mir eine Geschichte bei Johannes ein. Jedes Mal, wenn ich sie lese oder höre, rege ich mich wahnsinnig über die Pharisäer und Schriftgelehrten auf. Sie bringen eine Frau zu Jesus, die auf frischer Tat beim Ehebruch ertappt worden ist. Zum Ehebruch gehören immer zwei, aber das interessiert diese hohen Herren nicht. Moses habe vorgeschrieben, Ehebrecherinnen zu steinigen, erklären sie und fragen Jesus, was er dazu meint: um ihn auf die Probe zu stellen, um einen Grund zu haben, ihn zu verklagen. Jesus ist die Frage so was von peinlich, dass er gar nichts sagt – er beugt sich runter und kritzelt auf dem Boden herum. Aber die Pharisäer und Schriftgelehrten lassen nicht locker. Schließlich sagt Jesus: »Wer von euch ohne Sünde ist, der werfe den ersten Stein.« Weil sie ihm offenbar zutrauen, dass er sie entlarven könnte, und sie vermutlich voneinander wissen, wer was auf dem Kerbholz hat, zieht einer nach dem anderen ab. Jesus bleibt mit der Frau allein zurück und verurteilt sie nicht. Er sagt nur: »Geh und sündige von jetzt an nicht mehr!« Diese Geschichte im Johannesevangelium interpretiert eine feministische Theologin auf eine ungewohnte Weise. Die sogenannte Ehebrecherin, schreibt diese Theologin, hat sich unentwegt fremd bestimmen lassen. Der Mann, der sie verführt, obwohl Ehebrecherinnen gesteinigt werden, bestimmt sie fremd. Die mosaischen Gesetze, die vorschreiben, die Frau zu verurteilen, aber nicht den Mann, bestimmen sie fremd. Die Pharisäer und Schriftgelehrten, die sie vors Gericht zerren wollen, bestimmen sie fremd. Und das ist ihre Sünde. Wenn Jesus sagt »Sündige nicht mehr!«, meint er:

»Lass dich nicht mehr fremd bestimmen!« Bei dieser Interpretation kommt eine völlig neue Nuance herein, die mir gefällt, mit der ich mich identifizieren kann.

Pater Köster: Die Geschichte vom barmherzigen Samariter und die von der Ehebrecherin sind typisch für das Neue Testament. Jesus hat nie große Theorien entwickelt und dann Bücher darüber geschrieben, keine Dogmatik und keinen Katechismus, sondern er hat den Menschen ganz konkret die Augen und die Ohren geöffnet für Situationen, in denen etwas Heilsames geschehen müsste. Die Bibel ist für mich ein Buch, das existenzielle Situationen von Menschen darstellt – zeitlos. Darum empfehle ich, wenn Leute sagen, sie verständen die Bibel nicht, vier Fragen. Erstens: Wer kommt in dem Text vor? Zum Beispiel in dem Gleichnis über den barmherzigen Samariter? Zweitens: In welcher Situation befinden sich die Personen in diesem Text? Der unter die Räuber Gefallene braucht dringend Hilfe und der Priester muss pünktlich im Tempel sein. Drittens: Wie verhält man sich normalerweise? Normalerweise geht man seinen Aufgaben nach, und kommt plötzlich was dazwischen, tut man es ungern oder gar nicht, wie der Priester in dem Gleichnis. Viertens: Worin besteht die Aufforderung Jesu an uns, uns anders zu verhalten als normalerweise? Die Antwort darauf gibt uns in diesem Text der Samariter. Oder noch alltäglicher. Wie verhalte ich mich normalerweise, wenn ich mit meinem Nachbarn verzankt bin? Ich gehe ihm aus dem Weg! Nun sagt Jesus aber, dass wir unsere Feinde lieben sollen. Also frage ich den Nachbarn beim nächsten Dorffest im Festzelt: »Ist der Platz neben dir am Tisch noch frei?« Heutige Menschen identifizieren sich oft sehr schnell mit einer Person aus den biblischen Texten. Nimm Judas, der am Karfreitag den Verrat begeht! Das ist doch eine große Versuchung, wenn einem 30 Silberlinge angeboten werden: so viel Geld für einen kleinen Hinweis, in diesem Fall der Judaskuss. Wir haben in der Nazi-Zeit doch tausendfach erlebt, dass Deutsche Juden angezeigt haben, um sich ihre Posten anzueignen oder ihren Besitz zu erhalten. Geldgier, Habgier, Machtgier, Angst – so verhält der Mensch sich normalerweise. Aber Jesus fordert uns auf, uns anders zu verhalten, damit allen Gerechtigkeit widerfährt.

Schwester Lea: Nicht um des eigenen Vorteils willen andere übervorteilen – das ist eine zentrale moralische Forderung im Neuen Testament.

Pater Köster: Natürlich! Jesus fordert uns unentwegt auf: »Bei euch soll es nicht so sein!« Reiche, die Arme ausbeuten, Mächtige, die Ohnmächtige unterdrücken – die werden alle im Neuen Testament genannt. »Aber ihr sollt es nicht mehr so machen!« Damit wird ein alternatives Denken eingeführt, das dem Frieden und der Gerechtigkeit dient. Erst wenn man das begriffen hat, fängt man an, ein Christ zu sein. Dieses Denken in Handeln umzusetzen, wäre dann der nächste Schritt.

Schwester Lea: Jesus sagt uns ja genau, wie das geht. Bei Matthäus heißt es: »Ich war hungrig, und ihr habt mit zu essen gegeben; ich war durstig, und ihr habt mir zu trinken gegeben; ich war fremd und obdachlos, und ihr habt mich aufgenommen; ich war nackt, und ihr habt mir Kleidung gegeben; ich war krank, und ihr habt mich besucht; ich war im Gefängnis, und ihr seid zu mir gekommen.« Kurzum: »Was ihr für das Geringste meiner Geschwister getan habt, das habt ihr mir getan.« Diese Stelle bei Matthäus ist für mich ein starker, wegweisender Text über ein ganz anderes Miteinanderumgehen.

Pater Köster: Aber normalerweise verhalten wir uns nicht so. Das was Jesus da sagte, in die Tat umzusetzen, ist der schwerste Schritt, den man sich vorstellen kann. Wenn man das konsequent erfüllen will, muss man unentwegt über seinen eigenen Schatten springen.

Schwester Lea: Nicht unentwegt! Im Matthäusevangelium weist uns Jesus nur die Richtung, die in eine friedlichere, gerechtere, heilere Welt führt. Der Weg ist das Ziel! Ein Weg mit vielen Stolpersteinen – aber es macht Sinn, ihn zu gehen.

Vom Glauben und vom Zweifeln

Das war das Erlösende für die Menschen zur Zeit
Jesu. Endlich wurden sie als Menschen ernst genommen mit ihrem Hunger und ihrem Durst,
mit ihrem Leid und ihren Träumen,
mit ihrem Wollen und ihrem Versagen, mit ihrer
Sehnsucht nach Geborgenheit und Liebe ...
Nur mit einer Art von Menschen
konnte Jesus nichts anfangen: den Rechthaberischen,
den Eingebildeten, den Hochmütigen,
den Heuchlern.

Herbert Haag

Pater Köster: Lea, ich komme gerade aus Koblenz; da habe ich einen Mann im Krankenhaus besucht, der im Sterben liegt. Das war ein seltsames Erlebnis ...

Schwester Lea: Wie heißt er denn? Kenne ich ihn?

Pater Köster: Nein! Ich kenne ihn auch kaum. Er heißt Klinkhammer*. Ich schätze ihn auf Mitte siebzig und seine Frau auf Anfang siebzig. Gestern rief sie mich an. »Mein Mann wird nicht mehr lange leben«, hat sie gesagt, »er würde so gerne mal mit Ihnen reden.« Als ich heute Morgen mit ihr in das Krankenzimmer ging, schlief er, und sie flüsterte mir zu: »Er ist vor sechs Jahren aus der Kirche ausgetreten. Nicht wegen der Kirchensteuer. Die spendet er an SOS-Kinderdörfer. Das Geld ist nicht der Grund.« In diesem Moment wurde er wach, hellwach – er wirkte quicklebendig, überhaupt nicht wie ein Sterbender. »Seitdem ich nicht mehr Kirchenmitglied bin«, verkündete er geradezu leidenschaftlich, »bin ich ein gläubiger Mensch!« Ich war total baff. »Wie meinen Sie das?«, fragte ich ihn. »Ich hab' mich ständig geärgert«, antwortete er, »über den Pomp und die Pracht, über die ganzen Dogmen und Vorschriften. Jetzt ärgere ich mich nicht mehr. Jetzt habe ich Kopf und Herz frei für Gott und die Bibel.«

Schwester Lea: Vorher hat die Kirche sein religiöses Leben geregelt, er musste sich keine eigenen Gedanken machen. Nach seinem Austritt hat er die Verantwortung für sich selbst übernommen und sich die Frage nach dem Sinn seines Lebens gestellt. Die Antwort darauf hat er in der Bibel gesucht und offenbar auch gefunden.

Pater Köster: Ja, so in etwa. Er sagte: »Die Kirche hat mir immer vorgeschrieben, was ich zu sein habe. Ich lasse mir

---

* Name geändert

das nicht mehr ein- und vorreden. Ich frage mich selber, wer ich bin.«

Schwester Lea: Da fällt mir ein: Franz Schlüter* – du weißt schon, der Solwodi-Sponsor – ist auch aus der Kirche ausgetreten, aus der evangelischen.

Pater Köster: Was? Das hätte ich nicht gedacht!

Schwester Lea: Mich hat's auch überrascht. Franz Schlüter ist ein grundreligiöser Mensch. Doch ihn stört, dass die Vertreter der Amtskirche – auch die der EKD – nicht leben, was sie predigen. Aber die Gemeinschaft der Gläubigen vermisst er sehr: eine Gemeinde von Gleichgesinnten, die so denken und fühlen wie er.

Pater Köster: Ich vermute, die vermisst auch »mein« Medizinprofessor. Heute Abend bin ich wieder mit ihm zum Essen verabredet. Ich weiß es jetzt schon: Wir werden wieder fast den ganzen Abend über Theologie diskutieren. Dieses Thema interessiert ihn brennend. Dabei ist er ein erklärter Atheist. Er stammt aus der ehemaligen DDR, in jungen Jahren hat er mit Religion und Glauben nichts zu tun gehabt. Einmal sagte er zu mir: »Fritz, du bist doch eigentlich ein ganz vernünftiger Kerl. So einer glaubt doch nicht an den lieben Gott!« Da entgegnete ich ihm: »Mensch, du bist doch religiöser als ich! Du beschäftigst dich oft mit theologischen Fragen, mit denen ich mich selten auseinandersetze.« Der ist gar kein Atheist, der ist ein Suchender.

Schwester Lea: Schildere doch mal ein konkretes Beispiel, über das ihr in letzter Zeit diskutiert habt!

Pater Köster: Er hat ja sehr viel mit Schwerkranken und Sterbenden zu tun. Neulich haben wir darüber geredet, was nach dem Tod kommt. »Nix«, hat er gesagt. Ein Weiterleben nach dem Tod, das sei kompletter Unsinn: »Wie kann man bloß an so was glauben!« – »Ich behaupte ja gar nicht, dass ich daran glaube«, habe ich erwidert: »Aber ich könnte mir vorstellen, dass es Gott gibt, was sich nicht beweisen lässt. Doch wenn es Gott gibt, dann müsste er eigentlich in der Lage sein, auch noch über den Tod hinaus Leben zu garantieren. Deswegen warte ich einfach ab. Sterbe ich irgendwann, schlafe ich vielleicht für ewig ein und werde nie wieder wach – oder ich erlebe eine schöne Überraschung.« (*lacht*) Also Auferstehung als Überraschung! (*lacht lauter*) »Och«, sagte der erklärte Atheist, »dagegen hätte ich auch nichts einzuwenden.« (*wieder ernst*) Herr Klinkhammer, Franz Schlüter, mein Medizinprofessor – das sind alles Menschen, die sich nichts mehr von kirchlichen Autoritäten weismachen lassen. Das sehe ich auch als Seelsorger bei jungen Leuten. Entweder man erklärt ihnen plausibel, um was es geht oder worum es gehen müsste – dann sind sie durchaus interessiert. Oder man sagt: Da gibt's nichts zu erklären, das muss man fraglos glauben, weil es die Tradition der Kirche und der Heilige Vater in Rom so wollen – dann gähnen die und wenden sich gelangweilt ab.

Schwester Lea: Ja, das stimmt, so ist das heute. Aber weißt du, was mich wundert, Fritz?

Pater Köster: Nein, erzähl es mir!

Schwester Lea: Dass völlig areligiöse Menschen Nächstenliebe leben. Einige von unseren Solwodi-Mitarbeiterinnen sind religiös motiviert, andere sind es nicht. Eine ist es überhaupt nicht; die wehrt sich vehement dagegen, nur in die Nähe von Religion gerückt zu werden: Cordula*. Die glaubt nichts, aber sie engagiert sich sozial. Sie ist Betriebswirtin, früher hat sie als Managerin in gehobener Führungsposition bei einer großen Firma gearbeitet, in der sie wesentlich mehr verdiente als bei Solwodi. Nur Geld vermehren und Geschäfte machen, das empfand sie als sinnlos. Darum hat sie gekündigt und ist zu uns gekommen. Das werde ich nie vergessen, so was hatte ich noch nicht erlebt! Da saß eine hoch bezahlte Karrierefrau vor mir und bot mir an, ein Jahr unentgeltlich für Solwodi zu arbeiten. »Wunderbar, ich weiß gar nicht, was ich sagen soll«, habe ich gestammelt, »aber wie wollen Sie sich denn finanzieren?« – »Keine Sorge!«, hat sie entgegnet: »Ich habe viel verdient und viel gespart.« Nach dem freiwilligen Jahr haben wir sie fest angestellt. Sie ist ein Gottesgeschenk für uns, weil sie sich ungeheuer einsetzt. Fragt man sie, warum, antwortet sie, dass der Einsatz für Frauen und Mädchen in Not eine sinnvolle Arbeit ist, die sie befriedigt. Aber ehrlich gesagt: Mir reicht das nicht als Erklärung. Ich frage mich immer: Was ist Cordulas innere Antriebskraft?

Pater Köster: Ich könnte mir vorstellen, dass es der Humanismus ist, der in der Aufklärung wurzelt. Die wiederum steht in der Tradition des Christentums, obwohl sich die Aufklärung als antiklerikale Vernunftphilosophie verstand.

Schwester Lea: Das mag ja sein, aber ... Ich weiß nicht ...

Pater Köster: Was denn? Sag es!

Schwester Lea: Du hast eben erzählt, dass dein Medizinprofessor ständig mit Todkranken konfrontiert ist und trotzdem nicht an ein Weiterleben nach dem Tode glaubt. Als mein Vater im Sterben lag, da war ich so traurig, dass ich nicht mit ihm darüber reden konnte. Ich war seit vier Jahren Ordensfrau und studierte an der Frauenfachschule der Armen Schulschwestern in München. Pfingsten durfte ich nach Klarenthal, mein Heimatdorf im Saarland, aber abends am Pfingstmontag musste ich wieder in München sein. Pfingstsamstag und

Pfingstsonntag habe ich stumm neben dem Bett meines Vaters gesessen – er hat auch nichts gesagt. Am Pfingstmontag bin ich morgens ins Hochamt. Von der Messe habe ich kaum was mitbekommen, weil ich so aufs Beten konzentriert war, auf eine innerliche Zwiesprache mit dem lieben Gott. »Mein Vater wird bald sterben«, habe ich zu ihm gesagt, »und ich traue mich nicht, mit ihm über seine Todesangst zu sprechen, obwohl ich spüre, er fürchtet sich. Ich fürchte mich auch. Ein Leben ohne ihn, meinen heiß geliebten Babba, kann ich mir nicht vorstellen. Aber wir Christen glauben doch, dass es nach dem Tode weitergeht. Ich glaube es. Lieber Gott, hilf mir! Gib mir die Kraft, meinem Vater zu sagen, wovon ich überzeugt bin, damit er getröstet ist!« Als ich nach Hause kam, blieben nur noch zwei Stunden bis zu meiner Abreise. Ich habe mich wieder neben das Bett meines Vaters gesetzt und wieder nichts gesagt. Auf einmal brach er das Schweigen. »Du, Lea, was glaubst du, wie es ist, wenn man stirbt? Kommt was danach? Ehrlich!« Der liebe Gott hatte mein Gebet erhört, so empfand ich es damals. Er hatte nicht mir die Kraft gegeben, sondern meinem Vater. Ich war so gerührt, dass ich kaum sprechen konnte, aber dann sagte ich, dass ich felsenfest an ein Weiterleben nach dem Tode glaube. »Es wird schön sein, Babba. Ganz bestimmt! Denn Jesus hat gesagt: ›Ich gehe voraus, euch eine Wohnung zu bereiten.‹ Er hat uns versprochen, dass es in der Nähe Gottes weitergeht.« Das hat meinen Vater getröstet. Drei Tage später ist er gestorben. Ich war nicht dabei, doch mich hat getröstet, dass Babba jetzt bei Gott ist. (*Sie schaut nachdenklich aus dem Küchenfenster.*) Diesen Trost hat Cordula nicht.

Pater Köster: Du setzt voraus, dass Gott existiert. Aber viele Menschen heutzutage bewegt nicht einmal mehr die Frage, ob er existieren könnte. Für sie ist es selbstverständlich, dass es ihn nicht gibt. Und die leben ganz gut ohne ihn. Nicht nur die Oberflächlichen, die sich die Zeit bis zum Tod mit Spaß und Events vertreiben, sondern auch Tiefsinnige wie Cordula, die ein sinnvolles Leben führen möchten. Auch wenn sie es selbst nicht wahrhaben wollen – vielleicht sind ihr Denken und Tun viel biblischer und christlicher als das von sogenannten Gläubigen. Wir Theologen haben früher geglaubt, die Existenz Gottes beweisen und damit auch Menschen bekehren zu können. Heute werden wir tagtäglich mit neuen wissenschaftlichen Erkenntnissen konfrontiert. Sie machen Gott immer unbeweisbarer und Menschen immer unbekehrbarer – auf herkömmliche Weise.

Schwester Lea: Physiker versuchen doch auch einen Gottesbeweis! Was wir »Gott« nennen, nennen sie »die Weltformel«.

Pater Köster: Das stimmt, aber sie sind weit davon entfernt, den Makro- und den Mikro-Kosmos auf eine einfache Gleichung reduzieren zu können. Ich als Theologe habe ja von Naturwissenschaften nicht allzu viel Ahnung, ich lese nur, was darüber in Zeitungen und Zeitschriften steht. Dabei fallen mir zwei Tendenzen auf: Die einen vermuten, dass hinter der Unendlichkeit des Weltraums etwas Geistiges wirkt, das man als Gott bezeichnen könnte; die anderen sagen, wir sammeln einfach nur Fakten, ohne einen transzendentalen Bezug. Kurzum: Eindeutig feststellen lässt sich nichts.

Schwester Lea: Meine Güte, jetzt tust du ja so, als ob du nicht an Gott glauben würdest!

Pater Köster: Was du glaubst oder ich glaube, steht auf einem anderen Blatt. Ich meine, dass man die Suchenden und Zweifelnden ernst nehmen muss. Ich versuche es immer in Form einer Hypothese: Wenn es Gott gibt, dann muss er mächtiger sein als wir Menschen, dann kann er wahrscheinlich das Universum schaffen und zusammenhalten und die Evolution betreiben und uns nach dem Tod ein neues Leben schenken. Entweder man entscheidet sich für diese Hypothese und die Folgen, die sich daraus ergeben, oder man lässt es, oft auch mit guten Gründen. Glaube ist eine Entscheidung: so oder so.

Schwester Lea: Eben! Wenn ich mit dem Jojo solche Gespräche führe, erkläre ich ihm immer: »Die einen sagen, wir sind gläubig; das heißt, wir gehen davon aus, dass es einen Gott gibt; beweisen können wir es nicht. Und die anderen, die Ungläubigen, sagen, wir gehen davon aus, dass es keinen Gott gibt; beweisen können wir es nicht.« Ich habe mich für Gott entschieden, in meinem Leben hat er sich stets als präsent erwiesen. In schwierigen Situationen sorgte er dafür, dass es mir wieder gut ging. Das ist natürlich mein subjektives Empfinden, nichts objektiv Beweisbares. Aber ich bin mir sicher, dass Gott eine gute Kraft an meiner Seite ist. Allerdings habe auch ich Zeiten, in denen ich nicht ganz so fest überzeugt bin. Dann bete ich: »Lieber Gott, bitte verzeih mir, dass ich denke, dich gibt es vielleicht gar nicht!« Das ist eigentlich wie in einer Freundschaft. Man weiß ja nicht immer, ob man sich auf den anderen wirklich verlassen kann. Aber würde ich den Freund fragen: »Wie stehst du eigentlich zu mir?«, wäre der womöglich beleidigt oder verletzt, weil ich ihm misstraue, statt ihm zu vertrauen. So sehe ich auch mein Verhältnis zu Gott. Mein Glaube an ihn und mein Vertrauen in ihn ist eine Entscheidung wie die für einen guten Freund, den ich, weil ich Verlässlichkeit von ihm erfahren habe, beim kleinsten Zweifel nicht gleich fallen lasse.

Pater Köster: Machst du dir da eventuell was vor? War dein Gottesglaube tatsächlich deine eigene Entscheidung? Zum Beispiel der Jojo. Der ist hier bei uns aufgewachsen, in einem katholisch-religiösen Haus. Danach ist er in einem Internat gewesen, auch katholisch. Und dieser 17-Jährige sagt mir klipp und klar: »Ich glaube an nichts mehr.« Ich weiß, dass seine Freunde aus ihm sprechen, seine »Peergroup«, wie man neuerdings sagt. Diese Peergroups haben ja heute mehr Einfluss auf Jugendliche als die Sozialisation in der Kindheit. Früher war das anders. Wenn du so ziemlich selbstsicher vom Glauben redest, dann merkt man sofort, du bist kirchlich sozialisiert und weniger von »Weltdingen« angefochten als Jojo.

Schwester Lea: Ich akzeptiere nicht, dass ich nur deswegen gläubig sein soll. Ich habe mich nicht wegen der Kirche für Gott entschieden. Bei mir war es eine bewusste Entscheidung für den Glauben an ein unbegreifliches Wesen, durch das die Welt entstanden ist. An eine Kraft, die eine evolutionäre Entwicklung zum Menschen hin gesteuert hat. An etwas Höheres, Geistiges, das uns zugewandt ist, sogar Mensch wurde wie wir, zu dem wir Kontakt herstellen können. Nimm die Bibel! Wer hat sie geschrieben? Das waren Menschen, die ihre Erfahrungen mit einer konkreten Person, die »Messias« genannt wurde, zu Papier brachten.

Pater Köster: Das sehe ich ja auch so. Aber wir reden hier nicht nur von uns beiden, sondern auch über Menschen wie meinen Medizinprofessor und deine Cordula. Wir leben heute in einer Zeit des Umbruchs, in der religiöse Selbstverständlichkeiten von früher für die Allermeisten nicht mehr selbstverständlich sind. Denen können wir nicht mit alten Antworten kommen, mit alten theologischen Konzepten. Die Leute haben Zweifel, riesige Zweifel. Naturwissenschaftliche Erkenntnisse, humanmedizinische, tiefenpsychologische – die führen dazu. Es würde theologisch erforderlich machen, dass man ganz neu anfängt zu denken. Das geschieht bis heute viel zu wenig. Vom herkömmlichen Glaubensbekenntnis her entsteht der allgemeine Eindruck: »Wer zweifelt, sündigt.« Dabei ist der Zweifel in der Bibel ein fundamentales Etwas. Der Apostel Thomas erweist sich nach der Auferstehung Jesu als chronischer Zweifler. Überhaupt sind die Apostel in den Turbulenzen des Karfreitags und Ostersonntags voller Zweifel und Unsicherheiten. Die Erzählung der Frauen an Ostern, sie hätten die Botschaft gehört, dass Jesus lebe, hielten die Apostel für Geschwätz. Jesus setzt sich an vielen Stellen mit Zweiflern und Zauderern auseinander, ohne sie zu verdammen. Im Gegensatz dazu lieben viele ihre theologischen Sicherheiten. Die »Lehre der Kirche« ist bequemer als biblisches Denken.

Schwester Lea: Cordula zweifelt nicht. Die behauptet, genau zu wissen, dass es keinen Gott gibt.

Pater Köster: Und ich behaupte, dass Menschen wie sie, die sozial handeln, ohne religiös zu sein, sich im Grunde biblisch verhalten. Bei Matthäus 25 steht, dass der Menschensohn beim Weltgericht die Schafe von den Böcken scheidet, also die Guten von den Bösen. Dabei urteilt er nicht danach, wie oft einer in die Kirche gegangen ist oder am Sabbat im Tempel war und ob das befolgt wurde, was Bischöfe oder hohe Priester befahlen. Das interessiert Jesus nicht, für ihn ist entscheidend: »Ich war hungrig, und ihr habt mir zu essen gegeben; ich war durstig, und ihr habt mir zu trinken gegeben; ich war fremd und obdachlos, und ihr habt mich aufgenommen; ich war nackt, und ihr habt mir Kleidung gegeben; ich war krank, und ihr habt mich besucht; ich war im Gefängnis, und ihr seid zu mir gekommen.« – »Wann und wo soll das denn gewesen sein?«, fragen die Guten da erstaunt, weil sie sich eigentlich für böse halten beziehungsweise für ungläubig, und der Menschensohn entgegnet ihnen: »Was ihr für einen meiner geringsten Brüder getan habt, das habt ihr mir getan.«

Schwester Lea: Wobei »Schwestern« zu ergänzen wäre.

Pater Köster: Man könnte auch geschlechtsneutral »Geschwister« sagen. »Was ihr den geringsten meiner Geschwister getan habt ...« Wie auch immer, der springende Punkt ist: Wir in der Kirche sind dazu erzogen, dass alles religiöse Leben ums Kirchliche kreisen muss. Es geht um den Erhalt von Kirche, um das Füllen von Kirchen und das Auswendiglernen des Katechismus. Aber in der Bibel kreist überhaupt nichts um Kirche, schon gar nicht um Dogmen. Dort kreist alles um das Heil der Welt, um das Heil der Menschen. Das ist der kleine Unterschied.

Schwester Lea: Ich finde, dass du das jetzt zu sehr auseinanderdividierst. Es sind doch auch Leute in der Kirche, in Orden und geistlichen Gemeinschaften, die sich für das Heil der Menschen einsetzen, mit Leib und Seele. Sogar die, die nur Sonntagskirchgänger sind, haben verinnerlicht: Wir als Gemeinschaft der Gläubigen stehen in der Nachfolge Jesu. Auch wenn sie nicht danach handeln, sie wissen es. Alle Christen – jeder, der getauft ist.

Pater Köster: Wissen sie es wirklich? Gandhi war kein Christ. In der Theologie der Frühkirche hätte er als »heiliger Heide« gegolten. Ein Begriff, der jahrhundertelang in Vergessenheit geraten war, bis das Zweite Vatikanische Konzil sich daran erinnerte, dass auch Ungetaufte heilig sein können. Und zwar einfach deswegen, weil sie sich selbst erkannt haben, ihre Rolle in der Welt gegenüber Notleidenden und Hilfsbedürftigen, und entsprechend zu leben versuchen. In der Apostelgeschichte gibt Petrus den Befehl: »Tauft die, die den heiligen Geist bereits empfangen haben!« Mit anderen Worten: Gott ist auch ein Gott der Kirche, hoffentlich, jedenfalls wird darauf immer großes Gewicht gelegt. Aber vor allem ist er ein Gott für alle Menschen – ein Gott der menschlichen Heilsgeschichte.

Schwester Lea: Ich hab' nachgedacht, Fritz.

Pater Köster: Und ich hatte gehofft, dass du mir zuhörst.

Schwester Lea: Habe ich doch! Dabei kam mir der Gedanke, dass ich eben schwarz-weiß gemalt habe.

Pater Köster: Was?

Schwester Lea: Ich habe gesagt, dass es die grundsätzliche Entscheidung eines jeden Menschen ist, ob er an Gott glaubt oder nicht. Damit mache ich es mir zu leicht – das jeweilige Umfeld ist zu bedenken. Auch du hast es dir mit deiner Behauptung zu leicht gemacht, bei meiner Entscheidung für Gott wäre meine kirchliche Sozialisation ausschlaggebend gewesen. Menschen meines Alters, die genauso streng katholisch erzogen worden sind wie ich, haben sich trotzdem oder gerade deswegen gegen die Kirche, so wie sie ist, entschieden. Andere tendieren wahrscheinlich mal in diese und mal in jene Richtung, ohne sich ungläubig zu nennen. Es gibt ja auch noch die, die fest davon überzeugt sind, dass Gott nicht existiert; die sich zugleich aber auch nicht vorstellen können, dass alles aus Nichts geworden ist. Du sagst, manche, die nicht in der Kirche sind, seien – ohne es zu wissen oder ohne es zu wollen – mehr in der Kirche als solche, die zwar meinen, in ihr zu sein, aber es nicht im Leben umsetzen. Man kann auch die Möglichkeit nicht ausschließen, dass die vielen Religionen viele Wege zu Gott beschreiten. Ich habe die Schattierungen, die Grautöne zwischen den Extremen Schwarz und Weiß außer Acht gelassen. Dennoch, es geht immer um Entscheidungen. Der Mensch hat einen freien Willen und damit die Wahl: zu glauben, nicht zu glauben, gut zu handeln, schlecht zu handeln. Oder auch gar nichts zu tun und alles einfach nur laufen zu lassen, bis hin zur Zerstörung der Lebensgrundlagen – seiner eigenen, die seiner Mitmenschen und die seiner Mitgeschöpfe.

Pater Köster: Natürlich muss man sich entscheiden. Aber die Kirche würde uns das gerne abnehmen. Für sie zählt weniger, ob ein Mensch seinem Gewissen folgt, seinem Verantwortungsgefühl. Für die Kirche zählte ursprünglich nur: Ist der getauft? Die mittelalterliche Kirche hat dem andere Aspekte hinzugefügt: Glaubensgehorsam gegenüber dem Lehramt und Unterwürfigkeit! Das führte dazu, dass viele Christen nur noch formal und dem Anschein nach etwas mit Glaube und Christentum zu tun haben. Um es mit einem Bild des Inders Gandhi auszudrücken: Viele Christen sind wie Steine in einem Fluss – außen von Wasser umspült, innen trocken und unberührt! Dazu gehören auch Tausende und Abertausende, die heutzutage einem Schau- und Eventchristentum huldigen.

Schwester Lea: Aber es gibt auch die, deren Inneres nicht trocken und unberührt bleibt. Zum Beispiel viele Ordensleute – und auch Atheistinnen wie Cordula. Für mich sind diese Menschen Kräfte Gottes in der Welt.

Pater Köster: Oh je! Wenn Cordula das liest, kriegst du eine Abreibung.

Schwester Lea: So schlimm wird es schon nicht werden: Ich mag sie und sie mag mich.

Pater Köster: Gerade deswegen solltest du sie nicht ständig mit dem lieben Gott nerven. (*lacht*)

Schwester Lea: (*auch lachend*) Aber sie nerven doch genauso.

Pater Köster: Wer, wen?

Schwester Lea: Die Ungläubigen uns! Mit ihren Fragen, ihren Zweifeln und ihrer Glaubenssehnsucht. Denk nur an deinen Medizinprofessor!

Pater Köster: Da fällt mir ein schönes Erlebnis ein. Früher bin ich ja oft nach Afrika geflogen. Heute sind die Cockpits verriegelt und verrammelt, wegen des Terrorismus; damals, vor 30 Jahren, musste man nur die Stewardessen austricksen, wenn man ins Cockpit wollte. Ich habe immer gewartet, bis sie den Kaffee servierten, dann habe ich mich nach vorne geschlichen und bin rein. Einfach nur, um durch das Frontfenster zu schauen. Es eröffnet einen ganz anderen Blick, eine viel weitere Perspektive auf Himmel und Erde als die kleinen Bullaugen an den Seiten im Passagierraum. Einmal, bei einem Flug nach Tunesien, riss ich die Tür zum Cockpit auf, der Kapitän drehte sich zu mir um, musterte mich kurz und brüllte mich an: »Was wollen Sie denn hier? Glauben Sie ja nicht, dass ich an Gott glaube!« Ich war in Zivil, durch nichts als Geistlicher erkennbar, aber er hatte intuitiv erfasst, dass ich ein Priester bin. Einen Moment lang war ich sprachlos, dann habe ich gesagt: »Ich hab' schon ganz anständige Atheisten kennengelernt. Vielleicht sind Sie ja so einer.« In diesem Moment kam die Stewardess herein und schimpfte mit mir. Sie wollte mich hinausexpedieren, doch der Kapitän hinderte sie daran: »Der setzt sich jetzt zu mir!« Ich saß bis zur Landung in Tunis neben ihm, wir haben uns über Gott und die Welt unterhalten. Obwohl er sich zum Atheismus bekannte wie mein Medizinprofessor, interessierte sich auch der Flugkapitän anscheinend mehr für Gott als für die Welt. »Lesen Sie?«, habe ich ihn gefragt. »Ja, Zeitungen und Zeitschriften!«, hat er geantwortet. – »Keine Bücher?« – »Eher selten.« – »Das sollten Sie aber! Die von Antoine de Saint-Exupéry, ein begeisterter Flieger.« – »Den kenne ich«, sagte der Kapitän, »in- und auswendig sogar.« – »Ach, daher kommen Ihre frommen Gedanken!« Er reagierte empört. Fromm? Nein, das nun wirklich nicht! Diesen Ausdruck fand er geradezu widerwärtig. An Saint-Exupéry fasziniere ihn, dass der ein »großer Moralist« gewesen sei. In dem Roman *Wind, Sand und Sterne*, sagte der Flugkapitän, habe er einen Satz gefunden, an dem er sich zu orientieren versuche, weil dieser Satz für ihn so was wie ein Kompass sei: »Sinnvolles Leben ist Dienst am Menschen.«

Schwester Lea: Das gefällt mir.

Pater Köster: Mir auch. Ich unterhalte mich immer gerne mit diesen sogenannten Atheisten, weil sie meist Suchende und Zweifler sind. Solche Leute sind mir besonders sympathisch. Zweifler denken, Gläubige glauben. Oft an alles, was lehramtlich gesagt wird. Meine Erfahrung ist, dass Zweifler alles hinterfragen, sich und andere, Gott und die Welt. Dass sie am Ball bleiben, obwohl der sich zunehmend schneller dreht. Sie sehen sich als Teil einer allgemeinen und einer persönlichen Geschichte, miteinander verwoben. Sie wollen verstehen, begreifen: Vergangenheit, Gegenwart, Zukunft. Die Gläubigen sind viel zu oft statisch, zu selbstsicher – pharisäisch selbstsicher in ihrem theologischen oder kirchlichen Gehäuse. Markus erzählt in seinem Evangelium, dass, als Jesus mit als sündig verschrieenen Zöllnern zu Tisch saß, die schriftgelehrten Pharisäer seine Jünger fragten, warum er mit diesem Abschaum esse. Jesus hörte das und sagte: »Nicht die Gesunden brauchen den Arzt, sondern die Kranken.« Er sei gekommen, »um die Sünder zu rufen, nicht die Gerechten«. Zu große Glaubenssicherheit ist fürchterlich. Biblisch fürchterlich. (*lacht*) Ich mein' jetzt nicht dich. Wirklich nicht!

Schwester Lea: Ich fühle mich gar nicht angesprochen. Ich bin mir meines Glaubens sicher – ja! Doch wie schon gesagt:

Mich quälen manchmal auch Zweifel. Ich habe eine gesunde Selbsteinschätzung, wie ich finde: Pharisäisch gerecht, was selbstgerecht heißt, bin ich nicht. Und doch sage ich hier ganz offen, dass ich Cordula, so sehr ich sie schätze, auch bedauere. Sie hat nicht die Nachfolge Jesu als Antriebskraft, die mich beseelt. Sie muss sich unentwegt selbst motivieren auf dem Weg, den sie beschreitet – mit dem Nichts als Ziel.

Pater Köster: Wohl wahr, das könnte der beschwerlichere Weg sein. Aber vielleicht geht's ihr wie dem Flugkapitän. Er weiß: Die Sterne kann man nicht erreichen, aber man kann sich an ihnen orientieren.

Schwester Lea: Jetzt ist Cordula noch relativ jung. Wer weiß, wie sie über Gott und Glauben denkt, wenn sie älter wird und der Tod näher rückt? Apropos. Herr Klinkhammer, hat der nur mit dir reden wollen oder wollte er auch die Sterbesakramente?

Pater Köster: Beides.

Schwester Lea: Siehst du! Obwohl er aus der Kirche ausgetreten ist, möchte er nicht ohne kirchlichen Trost aus dem Leben scheiden. Kirche ist auch Familie, wenn man in ihr aufgewachsen ist.

Pater Köster: Manchmal Fluch und manchmal Segen ...

Schwester Lea: ... wie die meisten Familien.

Neuzeitliches Christentum – wohin?

Faktisch ändert sich das Leben der Kirche nicht
schon durch die Dekrete des Amtes, sondern erst
durch die Rezeption der Gläubigen:
Was nicht rezipiert ist, wird nicht wirksam,
sondern bleibt wirkungslos und somit unwirklich ...
Erst durch die Rezeption geschieht Aneignung,
Einverleibung, Umwandlung.
Man könnte hinzufügen:
Erst durch die Rezeption wird Glaube zum Zeugnis.

Wolfgang Beinert

Schwester Lea: Fritz, dein atheistischer Freund, der Medizinprofessor, kam gestern Abend ganz aufgeregt und wollte unbedingt mit dir sprechen.

Pater Köster: Worüber?

Schwester Lea: Er hat einen hochkarätigen Naturwissenschaftler aus Afrika kennengelernt, einen getauften Christen – der glaubt an gute und böse Geister. Das fand dein Freund überaus befremdlich. Darum wollte er dich fragen, ob das eine Ausnahmeerscheinung ist oder auch bei gebildeten afrikanischen Christen gang und gäbe. Weil du unterwegs warst, habe ich deinem Freund von meinen Erfahrungen erzählt. Ruandische Mädchen waren für gewöhnlich sehr, sehr froh, wenn sie die Chance bekamen, die Internatsschule der Weißen Schwestern in Nyanza zu besuchen. Umso erstaunter war ich, dass eine Schülerin zwei Wochen nach ihrer Einschulung zu mir sagte: »Schwester Lea, ich muss zurück in mein Dorf!« – »Warum denn?« – »Die Dorfältesten sind gegen meinen Schulbesuch; die wollen nicht, dass ein Mädchen was lernt. Sie haben mich verflucht, ich spüre es.« Ich habe das nicht ernst genommen, zumal die Kleine Katholikin war. »Da bildest du dir was ein, weil du Heimweh hast«, versuchte ich, sie zu beruhigen: »Bleib mal schön hier! Bald hast du dich eingelebt.« Acht Tage später wurde sie krank – sie halluzinierte. Meine Erklärung war: Nicht ein Fluch hat sie verrückt gemacht, sondern der feste Glaube daran.

Pater Köster: In Kamerun habe ich Ähnliches erlebt. Wenn sich dort Katholiken für einen Verwandten die Krankensalbung von mir wünschten, habe ich sie gefragt: »Bei welchem Zauberer wart ihr schon?« Meist waren sie bei zwei oder drei Magiern gewesen, die böse Geister austreiben und gute beschwören, um Kranke zu heilen. Nur wenn das nicht geholfen hatte, kamen die Verwandten zu mir, dem katholischen Priester, quasi nach dem Motto: Der kann nun auch nicht mehr schaden. In Kamerun fiel mir anfangs auf, dass am Eingang der Hütten – auch bei denen von Christen – Flaschen mit der Öffnung nach oben in die Erde eingegraben waren. »Was hat es damit auf sich?«, habe ich die Leute gefragt, ohne eine Antwort zu erhalten. Erst nach und nach fand ich heraus, dass böse Geister, die in die Hütte wollen, in die Flaschen fallen sollen. Ein hoch gebildeter Minister mit einem europäischen Universitätsabschluss hat mir in Kameruns Hauptstadt Yaoundé erzählt: »Wenn ich 50 Kilometer weiter in mein Dorf komme, muss ich den Geister- und Ahnenkult zelebrieren.«

Schwester Lea: Fast überall in Afrika spielt der Ahnenkult eine große Rolle – die enge Verbundenheit mit den Verstorbenen. Ich kann das sehr gut nachvollziehen. Der Friedhof meines Heimatdorfs Klarenthal grenzt an einen Wald. Wenn ich am Grab meiner Eltern stehe, meine ich manchmal, im Rauschen der Blätter ihre Stimmen zu hören. Dann denke ich immer an das Gedicht »Der Hauch der Ahnen« von Birago Diop aus dem Senegal: »Die gestorben sind, sind niemals fort. Sie sind im Schatten, der sich erhellt. Und im Schatten, der tiefer ins Dunkel fällt. Sie sind im Baum, der dröhnt, und in dem Baum, der stöhnt. Sie sind im Wasser, das sich ergießt, wie im Wasser, das schlafend die Augen schließt. Sie sind in der Hütte, sie sind im Boot: Die Toten sind nicht tot. Erlausche nur geschwind die Wesen in den Dingen. Hör sie am Feuer singen. Hör sie im Wasser mahnen. Das ist der Hauch der Ahnen.«

Pater Köster: Ein schönes Gedicht.

Schwester Lea: Ein sehr, sehr schönes! Die afrikanische Ahnenverehrung bringt in mir eine Saite zum Klingen, die bei unserem christlichen Totengedenken stumm bleibt.

Pater Köster: Ich sage oft: Das Christentum ist nach Afrika exportiert worden wie ein europäischer Lack für afrikanische Möbel – nur die lackierte Oberfläche sieht anders aus, das Holz darunter ist unverändert. Die meisten Afrikaner sind lebensfrohe und lebensbejahende Menschen. Sie tanzen leidenschaftlich gern. Sie lieben die Natur; man spürt, dass sie mit ihrer Umwelt eine für uns Europäer nahezu unverständliche Symbiose bilden. Am wohlsten fühlen sie sich, wenn sie innerhalb ihres Stammesverbandes eigene Erfahrungen austauschen, Geschichten von ihren Ahnen erzählen, darüber palavern können. Wenn man sich mit afrikanischen Christen über diese ihre Welt einschließlich ihrer traditionellen religiösen Anschauungen unterhält, sind sie voller Temperament und Spracheifer. Ihr Verhalten wird bemerkenswert anders, sobald man mit ihnen über christliche Anliegen redet. Dann wirkt alles, was sie sagen, schablonenhaft, auswendig gelernt. Man gewinnt den Eindruck eines mehr oder weniger großen Katechismuswissens ohne Bezug zur Lebenspraxis. Wir Europäer haben den Afrikanern das Christentum eingeredet, ohne gemeinsam mit ihnen die Frage zu beantworten, ob und wie es in ihre Stammeskulturen integriert werden kann. Nicht nur die Christen in Afrika, auch die in Lateinamerika und in Asien leben in zwei Welten. In einer äußerlichen, die christlich zu sein scheint, und in einer innerlichen, in der magische und animistische Vorstellungen vorherrschen wie seit Hunderten von Jahren. Das nennt man Synkretismus.

Schwester Lea: In Afrika hat man sich nach dem Zweiten Vatikanischen Konzil um die »Inkulturation« bemüht. Sie war 1969 in der ruandischen Stadt Nyondo das Thema einer Tagung, auf der mir Bischof Bigirumwhami erzählte: Sein Vater sei der erste Getaufte in seinem Heimatdorf gewesen und später einer der ersten Katecheten in Ruanda. Der Vater habe seinen neuen Glauben extrem ernst genommen und sich radikal von seiner alten Religion gelöst. Seinen Sohn erzog er streng katholisch; Bigirumwhami wurde Priester. In seiner ersten Pfarrei waren die meisten Leute getauft, aber mehr als dem Katholizismus hingen sie ihrer traditionellen Naturreligion an. Eines Morgens bat ein katholisches Ehepaar Bigirumwhami um Rat. Gestern Nacht, berichteten sie aufgeregt, habe sich ein schwarzer Rabe auf das Dach ihrer Hütte gesetzt. »Ja, und?«, fragte Bigirumwhami. »Raben sind Unglücksboten!«, erklärte ihm das Ehepaar: »Wenn sich einer aufs Dach setzt, muss man die Hütte abreißen oder verbrennen und woanders eine neue bauen.« Bigirumwhami war außer sich: »Schluss mit diesem Aberglauben! Ihr bleibt da wohnen!« Zwei Tage später starb das jüngste Kind des Ehepaars, plötzlich und unerwartet. Das ganze Dorf war aufgebracht: »Der Rabe hat das Ehepaar gewarnt und du hast das missachtet!« Seit diesem Erlebnis, erklärte mir der Bischof, ignoriere er nicht mehr mit christlicher Arroganz die Traditionen seines Volkes; seither versuche er, traditionelle Riten in den katholischen Ritus zu integrieren – zum Beispiel den Tanz.

Pater Köster: Wie du schon gesagt hast, das Zweite Vaticanum befürwortete die sogenannte Inkulturation: die Eucharistie mit Tanz feiern, mit einheimischen Gesängen und Instrumenten. Als ich 1964 erstmals nach Kamerun kam, wurde in keiner Kirche mit afrikanischen Instrumenten musiziert – immer nur das europäische Harmonium. Tänze in der Kirche waren als heidnische Sexual- und Fruchtbarkeitskulte verboten; die Messe wurde auf Lateinisch zelebriert. Das ist durch das Konzil aufgelockert worden, aber nicht durchgreifend.

Schwester Lea: In gewisser Weise sind solche heidnischen Kulte auch bei uns noch anzutreffen. In vielen afrikanischen Dörfern stehen Totempfähle, die mich an unsere Maibäume erinnern. Die sind ein Relikt aus vorchristlichen Zeiten, als in

Germanien im Frühjahr noch Fruchtbarkeitsfeste gefeiert wurden. Der heilige Bonifatius, ein Brite, »Apostel der Deutschen« genannt, wurde 719 von Papst Gregor II. mit der Mission in Germanien beauftragt. Christliche Kirchen ließ er bewusst auf heidnischen Kultstätten errichten, um die Macht des vermeintlich Bösen zu brechen. Darum hat Bonifatius auch bei Geismar die legendäre Donarseiche gefällt. An allen großen mittelalterlichen Domen finden sich Fratzen, die den Teufel abwehren sollen.

Pater Köster: Ich glaube, dass im Unterbewusstsein von uns angeblich so zivilisierten Europäern auch heute noch magische Vorstellungen und archaische Ängste schlummern. Die Sakramente zum Beispiel, ...

Schwester Lea: ... Taufe, Firmung, Eucharistie, Buße, Krankensalbung, Priesterweihe, Ehe ...

Pater Köster: ... die haben meiner Meinung nach viel mit Magie zu tun. Katholiken, sogenannte »Karteileichen«, die das ganze Jahr nicht in die Kirche gehen, auch an Weihnachten und Ostern nicht, heiraten kirchlich und lassen ihre Kinder taufen. Auf dem Sterbebett sehnen sie sich nach der »letzten Ölung«, wie das Sakrament der Krankensalbung im Volksmund heißt. Wenn sie auch nicht gläubig sind – es könnte ja was »dran« sein.

Schwester Lea: Oder Allerheiligen und Allerseelen, da brennen auf verwahrlosten Gräbern plötzlich Lichter.

Pater Köster: Diese unbewussten, irrationalen Vorstellungen sitzen tief im Menschen, die kann man ihm nicht austreiben.

Schwester Lea: Da muss man sich auch immer fragen: Was steckt wirklich dahinter? Eine archaische Religion oder eine traditionelle Männermacht? In einem Workshop über Polygamie auf der Weltfrauenkonferenz in Nairobi hielt ein alte Kikuyu-Bäuerin eine flammende Rede: »Tradition, Tradition – wenn ich das schon höre!« Ein Kikuyu-Mann betrachte es als sein gutes Recht, Hühnerfleisch zu essen; Frauen sei das verboten, weil es wenig gibt. Dieses pseudoreligiöse Tabu, das die Mägen der Männer füllt, während die Frauen hungern müssen, werde ebenso mit religiösen Traditionen begründet wie die Polygamie. Männer nähmen sich das Recht heraus, mehrere Frauen zu haben; Frauen hingegen dürften nur einen einzigen Mann heiraten. »Gerade wir Frauen sollten uns fragen«, forderte die alte Bäuerin, »wer von solchen Traditionen profitiert. Meist die Männer auf unsere Kosten!« Diese frauenfeindlichen Auswüchse muss man bekämpfen, wie ich meine. Gleichzeitig glaube ich, dass Gott, der die Menschen schuf, uns mit einer Sensibilität für eine unsichtbare Welt ausgestattet hat. Für mich ist das eine religiöse Kraft, die nach Ausdrucksformen sucht. Nimm Marienwallfahrtsorte wie Fatima und Lourdes, wo die Muttergottes erschienen sein soll! Kranke, die auf Heilung hoffen, pilgern in Heerscharen dorthin. Ich finde es gut, dass es Marienwallfahrtsorte gibt. Anscheinend befriedigen sie ein grundlegend menschliches Bedürfnis. Sogar Jesus hat Geister ausgetrieben. Was das Neue, das er verkündete, deutlich machen sollte. Ein Auftrag an alle, das Böse zu bekämpfen.

Pater Köster: Wir Europäer verstehen das Christentum ja weitgehend als eine Theologie. Kopflastig, rational. Alles dreht sich um die Wahrheitsfrage, die in der Philosophie der alten Griechen wurzelt. Weil wir den einzig wahren Glauben zu besitzen meinen, machen wir für alle unseren vom antiken griechischen Denken inspirierten Katechismus verbindlich. In

China, einer Hochkultur mit bedeutenden Künstlern, Philosophen und Astronomen, wo im 17. Jahrhundert die Jesuiten missionierten und später auch Bettelorden, war es doch genauso. Im 18. Jahrhundert brandmarkte der Vatikan im Zuge des sogenannten »Ritenstreits« die chinesischen Riten als unvereinbar mit dem christlichen Glauben. Seitdem will China von Rom nichts mehr wissen. Das ist bis heute so. »Die katholische Kirche nimmt uns nicht ernst«, sagen die Chinesen.

Schwester Lea: Es missionieren ja nicht nur Christen. Die Moslems sagen doch auch: »Wir allein sind im Besitz der Wahrheit.« Jojos Mutter, die Buddhistin, ist ebenfalls überzeugt, dass ihr Glaube der einzig richtige und wahre ist. Diesen Anspruch haben alle Religionen.

Pater Köster: Das stimmt nicht in jedem Fall. Missionsreligionen im strengen Sinne sind nur das Christentum und der Islam, der etwa 600 Jahre nach Christus entstand. Er steht in der Tradition des Christentums, indem er seine von Allah offenbarte Wahrheit als die einzige darstellt und verbreitet. Zwar missioniert heute auch der Neo-Buddhismus, aber der ursprüngliche Buddhismus nicht. Buddhisten interessiert vor allem der Weg, der zur endgültigen Erlösung vom Leiden führt. Das Nirwana ist das Ziel dieses Heilswegs. »Nirwana« bedeutet »Erlöschen« – Ende des Leidens, absoluter Friede. Weißt du noch, Lea? Das buddhistische Kloster, in dem wir auf unserer Thailandreise übernachtet haben? Dort haben wir uns die Bibliothek angeschaut. Die hatten auch christliche Schriften, aber kein einziges theologisches Buch. Mystiker standen im Regal: Meister Eckhart, Teresa von Avila und so weiter. »Warum lest ihr denn keine Theologen?«, habe ich einen Mönch gefragt. »Mit Theologie kann man doch nichts anfangen«, antwortete er: »Die ist vielleicht für akademische Kreise interessant, aber doch nicht für eine religiöse Lebensform.« Und jetzt komme ich zum Knackpunkt: Für mich ist das Christentum keine Wahrheitsfrage, sondern eine gottgemäße Lebensform. So verstehe ich das Evangelium von der Praxis der Liebe und »neuen Gerechtigkeit«. Ganz einfache Leute – Fischer, Handwerker, Männer wie Frauen – haben damals das, was Jesus wollte, viel besser verstanden als die gebildeten Pharisäer und Schriftgelehrten. Trotzdem haben wir uns zu einer Expertenreligion entwickelt, in deren Mittelpunkt der Katechismus und das kirchliche Lehramt stehen. Darum haben die Leute sich daran gewöhnt zu sagen: »Der Theologe weiß das besser als ich, der hat das ja studiert. Ich selbst muss mich nicht mit dem Glauben auseinander setzen.«

Schwester Lea: Dabei kann sich die Theologie doch nur der Wahrheit annähern. Warum gibt sie das nicht zu? Neulich habe ich ein Interview mit einem Physiker im Fernsehen gesehen, der die Elementarteilchen erforscht. Er sagte sinngemäß: »Wir haben ein winziges Stückchen mehr davon erkannt, was die Welt im Innersten zusammenhält. Aber diese Erkenntnis wirft viele neue Fragen auf, die wir nur mit Annahmen beantworten können. Im Grunde wissen wir nichts.« Wenn das kirchliche Lehramt doch auch diese Bescheidenheit hätte, statt seines Absolutheitsanspruchs!

Pater Köster: Wohl wahr. Die Theologie bisherigen Zuschnitts ist in eine gewaltige Krise geraten. Jeder Schüler und jede Schülerin werden heute mit natur- und humanwissenschaftlichen Denkweisen konfrontiert. Sie denken auch so. Ihre Reaktion ist: Theologie und Kirche haben sich in ihren eigenen vier Wänden eingerichtet; sie beschäftigen sich mit sich selbst. Wenn man heute etwas über Freiheit und Solidarität wissen will, geht man am besten zu Hirnforschern und Evolutionsbiologen, zu Pädagogen und Psychologen – aber doch nicht zu Leuten, die im Elfenbeinturm ihrer Spekulationen sitzen. Doch immerhin, im Gegensatz zum Protestantismus hat sich der Katholizismus stärker das Symbolische bewahrt: Sakramente, Reliquien, Heiligenverehrung, Wallfahrtsorte. Wie schon gesagt, darin stecken magische Elemente.

Schwester Lea: Ich glaube, dass Frauen, was das Finden von neuen Symbolen angeht, kreativer sind als Männer. Ich habe mich doch früher in der Gruppe Frauenkirche engagiert. Da haben wir einmal eine wunderschöne Versöhnungsfeier inszeniert, eine Reinigungszeremonie, durch die wir zu einem Neuanfang im Umgang miteinander kommen wollten. Ich meine wie du, dass das Christentum eine gottgemäße Lebensweise ist. Eine Offenbarung Gottes, der uns Menschen durch seinen Sohn Jesus die Nächstenliebe vorgelebt hat. Dazu gehört auch die Versöhnung. Ich bin 1960 in meinen Orden eingetreten, in den Klöstern praktizierte man damals die »Culpa«: eine Form des Miteinanderredens, die uns veranlasste, öffentlich auszusprechen, was uns in letzter Zeit aneinander gestört hatte. Mir wurde einmal zum Vorwurf gemacht, dass ich beim Kapellendienst das Auswechseln der Kerzen vergessen hatte. Eine nach der anderen war erloschen, was meine Mitschwestern schwer geärgert hat. »Es tut mir leid«, habe ich gesagt, »bei meinem nächsten Kapellendienst achte ich darauf.« Es war nur eine Kleinigkeit, aber solche Kleinigkeiten können eine Gemeinschaft sehr belasten, wenn sie nicht ausgesprochen werden. Diese Versöhnungszusammenkünfte waren jedes Mal ein Neuanfang für den Umgang miteinander. Die Vergebung der Sünden bei der Beichte ist ja auch so ein Neuanfang und etwas unglaublich Befreiendes und Gnadenvolles, wie ich finde.

Pater Köster: Jetzt idealisierst du das aber, Lea! Auch ich meine, dass die Beichte ein wichtiges Sakrament ist, aber die Art und Weise wie gebeichtet wurde, hat die Menschen oft in gewaltige Krisen gestürzt. Das darf man doch nicht vergessen! Ich denke nur daran, wie's in meiner Kindheit war – so schön fand ich das Beichten nicht: alle vier Wochen einen Sündenzettel schreiben, mithilfe eines Kinderbeichtspiegels. Allein die Fragen, die da gestellt wurden! In manchen Beichtspiegeln für Kinder steht ja heute noch: »War ich unkeusch oder schamlos im Denken? War ich unkeusch oder schamlos im Reden? Habe ich Unkeusches allein getan oder mit anderen? Habe ich Unkeusches an mir tun lassen? Habe ich schlechte Illustrierte, Bilder, Filme angeschaut? Habe ich schlechte Bücher gelesen oder weitergegeben?« Bei manchen Fragen wusste ich gar nicht, worum es überhaupt ging. Trotzdem habe ich es gebeichtet.

Schwester Lea: Du hast Recht, Fritz, das wurde zu formal, zu schematisch abgehandelt. Aber die Beichte könnte doch auch ein klärendes, seelsorgerisches Gespräch sein.

Pater Köster: Ich interpretiere die Beichte ja auch als Neuanfang. Paare, die heiraten wollen, möchten gelegentlich vorher bei mir beichten. Dann frage ich den Mann und die Frau immer: »Habt ihr denn schon einander gebeichtet und euch gegenseitig eure Sünden vergeben?« Das darf ich offiziell gar nicht. Und für Beichtgespräche, wie du sie dir vorstellst, werden Priester gar nicht ausgebildet. Die sind Theologen und keine Psychologen. Darum laufen uns die Leute ja in Heerscharen davon: zum Therapeuten, zum Psychoanalytiker, zum Guru, zum Schamanen, zum Zen-Buddhisten und was weiß ich, wo sonst noch hin.

Schwester Lea: Das zeigt aber, wie ich vorhin schon sagte, dass Gott in uns Menschen eine religiöse Sehnsucht nach Unsichtbarem und Geheimnisvollem angelegt hat, die sich nicht mit dem Katechismus und Dogmen stillen lässt.

Pater Köster: Man könnte ja jetzt die sieben Sakramente durchgehen und fragen: Wie sollte man sie heute feiern?

Schwester Lea: Genau!

Pater Köster: Wie verankert man die Sakramente so im Leben der modernen Menschen, dass die religiöse Sehnsucht, von der du sprichst, ein Stück weit gestillt wird? So, dass die Menschen erkennen – nein! – spüren, fühlen: Das Sakrament der Taufe, der Ehe, der Beichte, der Krankensalbung ist etwas, das mich wirklich betrifft – neuralgische Punkte meines Lebens. Deswegen komme ich immer wieder auf die Grundidee zurück: Das Christentum ist eine Lebensform. Und die Sakramente sind wirksame Zeichen für das Hineinwachsen in diese Lebensform. Doch offiziell dürfen nur Priester Sünden vergeben; nur Priestern ist es gestattet, die Eucharistie zu feiern und die Taufe zu spenden. Na ja, taufen darf vielleicht gerade noch ein Diakon. Wie auch immer: Bei vielen Laien hinterlässt das den Eindruck, dass diese Rituale Amtsausübungen sind, die mit ihrem Leben gar nichts zu tun haben, sondern mit bestimmten Funktionen, die ein Amtsträger hat.

Schwester Lea: Was heißt »Sakrament« eigentlich wörtlich übersetzt?

Pater Köster: Mit dem Fremdwort Sakrament wird im deutschen Katechismus eine »göttliche Gnade vermittelnde kirchliche Handlung« bezeichnet. Das kirchenlateinische Wort »sacramentum« bedeutet »religiöses Geheimnis, Mysterium«.

Schwester Lea: Das klingt schön – im wahrsten Wortsinn wunderbar. (*Sie schaut nachdenklich aus dem Küchenfenster.*)

Pater Köster: Woran denkst du?

Schwester Lea: Ich habe mich gerade gefragt, ob es vielleicht viel mehr als die sieben Sakramente gibt.

Pater Köster: Augustinus hat von Hunderten gesprochen. Wenn man einen Kranken pflege, dann sei das auch ein Sakrament. Oder wenn man einen Obdachlosen bei sich aufnimmt. Damit wollte er ausdrücken: Wenn wir Taten tun, wie die Gerichtsrede Jesu sie beschreibt (Mt 25,31–46), dann steht Gott mit uns im Bunde. Diese »Hunderte von Sakramenten«, von denen der 354 geborene Augustinus spricht, hat die Amtskirche dann später auf sieben reduziert und eingeengt.

Schwester Lea: Aber wir müssen uns doch nicht einengen lassen, wir sind doch selbst für unseren Glauben verantwortlich! Und über das »sacramentum« im ursprünglichen Wortsinn, über religiöse Geheimnisse und Mysterien können wir viel von afrikanischen Christen lernen. Ich denke da zum Beispiel an den 1972 ermordeten Priester Michel Kayoya. Er war ein Bauernsohn aus Burundi, wo man wie in Ruanda an den Gott Imana glaubt. Eines Abends besuchte Kayoya seine Eltern, auch Katholiken. Vor dem Abendessen sprach die Mutter ein Gebet, der Vater betete nicht mit, was er so begründete: »Imana verlangt nicht nach Formeln, die man eintönig hersagt. Wenn ich das Werk betrachte, das Imana in meinem Hause wirkt, brauche ich ihm nichts zu sagen. Vor ihm schweige ich.« Von diesem Augenblick an, schreibt Kayoya in seinem Buch *Auf den Spuren meines Vaters*, habe er seine Aufmerksamkeit auf die Bedeutung der Namen in seiner Heimat gerichtet. Zum Beispiel Bimenyiamana: »Imana, der es wirklich weiß.« Oder Birikumana: »Ihr wahres Gefäß ist Imana.« Und Hatangimana: »Imana allein stellt zufrieden.« Er listet über 50 Beispiele auf. Als Kayoya diese Imana geweihten

Namen entdeckte, wurde er sich des Gedanken- und Lebensreichtums seiner Väter bewusst und empfand ein tiefes Gefühl der Ehrfurcht.

Pater Köster: Ich wünsche mir für alle Christen ein Glaubensbekenntnis, das davon ausgeht: Gott ist immer schon im Leben von uns Menschen und in seiner ganzen Schöpfung wirksam anwesend. In den Sakramenten feiern wir die Anwesenheit Gottes im Leben, werden uns ihrer bewusst, bejahen und akzeptieren sie. Auf diese Weise würden die Sakramente weniger kirchliche »Amtshandlungen« als vielmehr Ausdruck wachsender Freundschaft und Verbundenheit mit Gott und der Freude darüber. »Kirche« hätte eine wirkliche Mittlerfunktion – wäre aber nicht »Ursache unserer Freude«.

Christsein als ethische Herausforderung

Seltsam: Am Anfang wandte sich Jesus an die
»Ungebildeten«: »Ich preise dich Vater,
Herr des Himmels und der Erde, weil du all das den
Weisen und Klugen verborgen, den Unmündigen
aber offenbart hast« (Mt 11,25; Lk 10,21).
Tatsächlich bestimmten Handwerker, Fischer,
einfache Männer und Frauen die Tagesordnung des
dynamisch sich entwickelnden Christentums.
Die »Experten«, die Pharisäer und Schriftgelehrten
blieben draußen vor der Tür. Heute sind die Experten
erneut an ihre Grenzen gekommen.
Die Stunde der »Unmündigen« ist wieder da:
der theologisch Ungebildeten,
die für andere da sind, ihnen beistehen und helfen.

Fritz Köster

Pater Köster: Du, Lea, gestern Abend lief nach langer Zeit mal wieder *Anatevka* im Fernsehen! Das hab' ich mir angeschaut.

Schwester Lea: (*rührt verträumt in ihrer Kaffeetasse*) Weißt du noch, Fritz? Vor dreißig Jahren? Da haben wir das Musical in München live auf der Bühne gesehen.

Pater Köster: Selbstverständlich weiß ich das noch! Es hat uns damals sehr gefallen. Die Geschichte von dem jüdischen Milchmann Tewje, die Anfang des zwanzigsten Jahrhunderts in dem ukrainischen Dorf Anatevka spielt, hatte so viel Humor, so viel Witz und gleichzeitig so viel ...

Schwester Lea: ... Tiefgang, dass ...

Pater Köster: ... sie uns sofort fasziniert hat.

Schwester Lea: Verzaubert!

Pater Köster: (*blickt streng*) »Verzaubert« finde ich etwas übertrieben.

Schwester Lea: Weil du ein »rationaler Mensch« bist, wie du zu behaupten pflegst, und ich zur »Gefühlsduselei« neige, wie du mir oft unterstellst. Aber eigentlich ergänzen wir uns prima, was mir neulich (*lächelt verschmitzt*) – wie es der Zufall will! – durch *Anatevka* klar geworden ist.

Pater Köster: (*lacht*) Oh je, was jetzt wohl wieder kommt.

Schwester Lea: Ich habe erst vor ein paar Tagen deine kritischen Anmerkungen über die erste Enzyklika von Papst Benedikt XVI. gelesen ...

Pater Köster: ... der Text steht schon seit Monaten im Netz.

Schwester Lea: Fritz, du weißt es doch! Ich muss so viel für Solwodi lesen, dass mir kaum Zeit für Privatlektüre bleibt. Jedenfalls habe ich mir den Text von deiner Homepage ausgedruckt und ihn wie einen Krimi mit ins Bett genommen.

Pater Köster: Woraufhin du sofort eingeschlafen bist.

Schwester Lea: Nein, ganz im Gegenteil, ich fand das spannend! Die erste Enzyklika des neuen Papstes – du nennst sie seine »Regierungserklärung« – heißt: *Deus caritas est.* Mich hat gefreut, dass Benedikt sagt: »Gott ist die Liebe.« Endlich macht die Kirche mal eine Aussage über Gott, die versöhnlich ist, die aufbauend und motivierend wirkt, habe ich gedacht. Doch du bezweifelst, dass darauf handfeste Maßnahmen folgen: zum Beispiel eine Kirchenreform, die auch Laien ernst nimmt und ihnen Mitspracherechte zubilligt. Diese Gottesliebe, von der Benedikt spricht, müsste zuerst innerkirchlich zum Tragen kommen, schreibst du auf deiner Homepage, sonst bliebe sie nur ein Wort: Schein statt Sein – unglaubwürdig. Und da fiel mir Anatevka ein, dieses ukrainische Dorf mit einer jüdischen Gemeinde, die großen Wert auf Tradition legt. Ganz besonders der Milchmann Tewje. Als seine jüngste Tochter Chava einen nicht jüdischen Russen heiraten und ihm ins kalte, judenfeindliche Sibirien folgen will, ist Tewje entsetzt. Doch Chava sagt sinngemäß: »Papa, ich liebe diesen Mann, ich kann nicht anders.« Daraufhin sinniert Tewje über das Wort Liebe und fragt seine Frau Golda: »Liebst du mich?« Sie reagiert mit Unverständnis – etwa in dieser Art: »Spinnst du? Seit wann reden wir denn über Liebe? Hier in Anatevka werden nur Vernunftehen geschlossen, von einer Heiratsvermittlerin arrangiert.« Als Tewje insistiert, sagt Golda schließlich: »Ich habe dir drei Töchter geboren, ich führe dir den

Haushalt, jede Nacht liege ich neben dir im Bett, ich pflege dich, wenn du krank bist, ich freue mich mit dir über gute Zeiten, in schlechten stehe ich dir bei.« Sie zählt noch mehr Beispiele auf. Und dann erkennt sie: »Ja, das könnte man Liebe nennen!« Für Golda ist wichtig, dass dieser abstrakte Begriff mit konkreten Inhalten gefüllt wird. Als ich mich daran erinnerte, wurde mir klar, dass du das Gleiche vom Papst verlangst, wenn er behauptet, dass Gott die Liebe ist.

Pater Köster: Genau! Uns Christen wird das ja seit zweitausend Jahren erzählt, das ist nicht neu. Aber Benedikt XVI. hat es noch einmal besonders wohlklingend formuliert. »Streckenweise poetisch« hieß es in Zeitungskommentaren. Als ich das las, habe ich spontan an die Zeit gedacht, als der heutige Papst noch Erzbischof von München und Freising war. In kürzester Zeit hat Joseph Ratzinger pastorale Maßnahmen von seinem Vorgänger Döpfner, der den Laien mehr Gewicht einräumen wollte, mit einem Federstrich zur Seite geschoben. Was wir aus der Zeitung erfuhren – nicht nur das einfache Kirchenvolk, sondern auch wir hauptamtlichen Mitarbeiter. Im Grunde war das ein Skandal. Wir Hauptamtlichen haben dann eine Versammlung zusammengetrommelt, auf der wir Ratzinger zur Rede stellen wollten. Vorher haben wir ihm ein Diskussionspapier mit unseren kritischen Fragen zu seiner Kirchenpolitik geschickt, die zum Teil konträr zu Döpfners Maßnahmen war. Er willigte ein, mit uns darüber zu diskutieren, scheinbar zum Dialog bereit. Der Saal war gerappelt voll. Ratzinger erschien im vollen Ornat und begann sofort, einen Vortrag zu halten. Einen großartigen Vortrag, intellektuell durchdacht, brillant formuliert. Ich weiß nicht mehr, über welches Thema, ich meine, der Heilige Geist, jedenfalls keins von den Themen, für die wir ihn eingeladen hatten. Eine Dreiviertelstunde lang hörten wir ihm zu – gebannt. Als er geendet hatte, applaudierten wir begeistert – und er rauschte hinaus. Da saßen wir nun verdattert und schauten ratlos auf unser Diskussionspapier.

Schwester Lea: Ich kann mir vorstellen, dass Joseph Ratzinger sich verändert hat.

Pater Köster: Wie bitte?

Schwester Lea: Ja! Warum denn nicht? Ich glaube an die Veränderungsfähigkeit des Menschen. Nimm Tewje, den Milchmann! Anfangs kommt er aus seinem orthodoxen Korsett nicht raus; er verstößt seine Tochter. Doch am Schluss verzeiht er ihr – seine Liebe zu ihr siegt über starre Traditionen.

Pater Köster: Liebe »konkret« ist immer etwas anderes als schöne Worte darüber.

Schwester Lea: Ich weiß, dass Kardinal Ratzinger, nach seiner kurzen Amtszeit als Erzbischof von München und Freising, viele Jahre Präfekt der Glaubenskongregation in Rom war ...

Pater Köster: ... dreiundzwanzig Jahre lang, von 1982 bis 2005 ...

Schwester Lea: ... das ist ja das vatikanische Ministerium für die Bewahrung des wahren Glaubens. Mir ist bewusst, dass Ratzinger in manchen Ländern als neuer Großinquisitor angesehen wurde; in Frankreich und Lateinamerika als »Panzer-Kardinal« ...

Pater Köster: ... und Wojtylas Chefideologe.

Schwester Lea: Aber heute ist er selber Papst – mit Blick aufs Ganze, auf die gesamte katholische Christenheit, für die er nun Verantwortung trägt. Der Mensch wächst doch an seinen Aufgaben! Gerade so ein intelligenter wie Benedikt XVI. Ich finde, dass ihm die Last anzusehen ist, die er auf seinen Schultern trägt. Er wirkt demütiger, milder. Sogar seine Augen scheinen freundlicher zu blicken: aufgeschlossen, mitfühlend. Vielleicht meint er es ja wirklich ernst, wenn er sagt: »Gott ist die Liebe.« Dass er es ernst meint, ist die Hoffnung von vielen, die sich früher über ihn aufgeregt haben. Du schreibst auf deiner Homepage, die Enzyklika *Deus caritas est* sei seine »Regierungserklärung«. Man muss einfach abwarten, welche Taten darauf folgen.

Pater Köster: Ich erwarte da nicht viel. Ich habe heute eine E-Mail zu dem Text auf meiner Homepage bekommen. Ach, wie schön wäre es gewesen, schreibt da ein Katholik aus Süddeutschland, wenn der Papst in seiner Enzyklika gesagt hätte: »Ehemänner, die sich in Familie und Beruf als Christen bewährt haben, sind zwar mit dem Mangel des Ehelichen behaftet, aber sie sollen trotzdem Priester werden dürfen.« Denn die sogenannte menschliche Liebe habe ja wohl auch etwas mit der Liebe Gottes zu tun. Sogar Benedikt gibt in seiner Enzyklika zu, dass die erotische Liebe durchaus ihren Wert hat – aber nur in der Ehe.

Schwester Lea: Du hast eben von den »viri probati« gesprochen, von erprobten verheirateten Männern, die das Priesteramt anstreben. Und was ist mit uns Frauen, verheiratete wie unverheiratete? Ich bin Ordensschwester geworden, liebend gerne, ich wollte mich ganz in den Dienst der Kirche stellen, aber mitzuentscheiden habe ich nicht viel, weil die Entscheidungskompetenz an das Amt gebunden ist. Es gibt auch Frauen, die sich als Priesterinnen berufen fühlen, doch das dürfen sie nicht werden, weil sie Frauen sind.

Pater Köster: Das wurde doch alles schon vor dreißig Jahren diskutiert: auf der Synode der westdeutschen Bistümer, die von 1971 bis 1975 in Würzburg tagte, um die Beschlüsse des Zweiten Vatikanischen Konzils umzusetzen. In Würzburg wurden Perspektiven eröffnet, »viri probati« zu Priestern zu weihen und Frauen zum Diakonat zuzulassen. Das wurde dann alles abgewürgt, das haben wir bis heute nicht.

Schwester Lea: Zwanzig Pastoralreferentinnen – das immerhin dürfen Frauen ja werden – hatten sich bundesweit zusammengeschlossen, um sich fürs Diakonat ausbilden zu lassen: analog zu der zweijährigen Ausbildung, die Diakone absolvieren müssen. Ich gehörte mit zu den Ausbilderinnen, obwohl das eigentlich gar nicht gestattet war. Diese Ausbildung war gewissermaßen ein symbolischer Akt, eine Demonstration für mehr Frauenrechte in der katholischen Kirche. »Seht her, wir können es!«, wollten die Pastoralreferentinnen signalisieren: »Warum lasst ihr uns nicht?« Diakone werden geweiht, im Rahmen einer feierlichen Zeremonie mit allem Brimborium. Die Pastoralreferentinnen bekamen nur einen Segen. Einen Segen! Jeder Katholik kann beanspruchen, gesegnet zu werden. Frauen und Männer, Kinder und Erwachsene, Laien und Kleriker. Doch dieser Segen provozierte den Vatikan und manche Bischöfe so, als ob sich eine als Mann verkleidete Frau klammheimlich ins Konklave geschlichen hätte, um sich zum Papst küren zu lassen.

Pater Köster: Die Frauenfrage, die Frage der »viri probati« – nichts ist geklärt, nichts nach dreißig Jahren seit der Würzburger Synode. Hier in Deutschland gibt es immer noch eine Reihe von Priestern und einige Bischöfe, die eine Zulassung von Ehemännern zum Priesteramt und die Diakoninnenweihe befürworten. Aber die Angst vor der Zentralgewalt, die von Rom oder von den Ordinariaten ausgeht, ist so gewaltig, dass man sich wie ein Kaninchen vor der Schlange duckt. Man sagt es privat, aber nicht öffentlich. Nur sehr, sehr wenige machen den Mund offiziell auf. Der das wagt, ist einer von tausend. Dabei hätte das Kirchenvolk gar nichts dagegen, wenn Priester verheiratet wären. Ich habe mal vor einigen Jahren erlebt, dass ein Pfarrer zu seiner Gemeinde sagte: »Ich bin verliebt, ich will heiraten, ich darf kein Priester mehr sein.« Die Gemeinde wollte ihn nicht gehen lassen, sie hat sich hinter ihn gestellt und Unterschriften gesammelt, damit er heiraten und trotzdem weiter Priester bleiben durfte. Das hat nichts genützt. Eher im Gegenteil. Je mehr Initiativen wie euer Diakoninnensegen gemacht worden sind, umso vehementer hat die Kirchenführung sie abgewürgt.

Schwester Lea: Für mich sind das Taten gegen die Liebe, die als solche auch gebrandmarkt werden müssen.

Pater Köster: Zumal der Priestermangel ein zunehmend gravierenderes Problem wird. Das Zweite Vaticanum hatte ja eine Abwendung von alten Vorstellungen und eine Neuorientierung an den »Zeichen der Zeit« gefordert. Unter anderem eine Gemeindereform nach dem Vorbild der frühchristlichen Gemeinden, die sich ohne Priester trafen. Diese sogenannten Hauskirchen oder Hausversammlungen kennen auch afrikanische und lateinamerikanische Katholiken. Auch den Deutschen hätte man schon vor vierzig, fünfzig Jahren, als sich die Säkularisierung in der Kirche massiv auszuwirken begann, sagen müssen: Ihr sollt euch regelmäßig versammeln, mit oder ohne Priester! Ihr sollt euch treffen, zusammen beten, die Bibel lesen und interpretieren. Ihr sollt miteinander reden, über eure Zweifel, über eure Nöte. Ihr sollt euch gegenseitig helfen als lebendige Gemeinschaft.

Schwester Lea: Das wäre das Richtige, ja! Doch ließe es sich umsetzen? Die Gottesdienste, wie wir sie traditionell gewohnt sind, haben eine feste Struktur, an die man sich passiv halten kann, ohne sich aktiv einzubringen. Die Gemeindeversammlungen, von denen du sprichst, sind viel anspruchsvoller und anstrengender. Ich meine, dass man es trotzdem wagen sollte, aber ich weiß nicht, ob da viele kämen.

Pater Köster: Es wären nicht die Massen gewesen. Aber eine tragfähige religiöse Mittelschicht hätte sich herausgebildet, sozusagen ein neuer Sauerteig.

Schwester Lea: Ich bin ja 1967, kurz nach dem Zweiten Vaticanum, von meinem Orden nach Nyanza in Ruanda geschickt worden. In Nyanza waren wir eine kleine Gemeinschaft, acht Schwestern, überwiegend ältere. Wir jüngeren haben vorgeschlagen, samstags die Bibel zu teilen. Das ist eine Methode, bei der eine Bibelstelle vorgelesen wird; dann müssen alle äußern, was dieser Text ihnen ganz persönlich sagt – man »teilt« seine Gedanken und Gefühle mit den anderen. Damit konnten die älteren Schwestern überhaupt nichts anfangen. Die Bibelauslegung stehe nur Priestern zu, behaupteten sie, weil die dafür ausgebildet worden seien. Selbst die Bibel interpretieren, nein, das wollten sie nicht!

Pater Köster: Kein Wunder. Sprechkultur ist jahrhundertelang nicht gepflegt und gefördert worden. Der Klerus hat die Stimme der Laien nie ernsthaft zugelassen. Bis heute ist in den Gemeinden wahr geblieben, was Theo Schmidtkonz einmal sinngemäß so formulierte: »Viele Christen begegnen sich täglich und begegnen sich in Wirklichkeit nie. Echte Begegnungen sind selten. Sie geschehen dort, wo ein guter Geist herrscht. ›Heiliger Geist‹, sagt die Schrift.«

Schwester Lea: In Lateinamerika wurde früher die Kirche gern mit einem gesprungenen Kochtopf verglichen. Ein

Kochtopf mit Riss kann kein Wasser halten. So könne auch eine Kirche ohne lebendige Menschen den Heiligen Geist nicht halten – vor lauter toten Buchstaben und Traditionen. Mir steht immer ein Wort von Judith Müller vor Augen: »Kirche ist Ereignis des Geistes. Das Geburtsfest der Kirche ist Pfingsten. Wo sich Menschen um diese Botschaft scharen und Gemeinden entstehen, ist Wirken des Heiligen Geistes. Die Offenbarung Gottes vollzieht sich unter dem Beistand des Heiligen Geistes in den Entscheidungen der Menschen.«

Pater Köster: In den deutschen Diözesen werden heute »Strukturveränderungen« gigantischen Ausmaßes vorgenommen. Von »pastoralen Großräumen« ist die Rede. Dass sie unüberschaubar, anonym, unverbindlich, gemeinschaftszerstörend sind – darüber spricht man nicht. Alles ist auf die schrumpfende Zahl der Kleriker zugeschnitten. Wenn schon die Kirche nicht mehr im Dorf bleiben kann, sollen die Gläubigen gefälligst in eines der neuen »pastoralen Zentren« gehen, in denen noch das Heiligste und Wichtigste gefeiert wird: die Eucharistie. Das alles sieht nicht so aus, als würde man herkömmliche Denkstrukturen verlassen. Auch der Theologe Ratzinger wird sich als Papst nicht noch einmal ändern.

Schwester Lea: Was meinst du mit »noch einmal«?

Pater Köster: Anfang der 1960er-Jahre war Joseph Ratzinger theologischer Konzilsbegleiter des Kölner Kardinals Frings, von dem er die Weisung erhielt, an »zukunftsfähigen Modellen« von Kirche und Pastoral mitzuarbeiten. Was Ratzinger getan hat – sehr überzeugend. Aber dann, als die 68er-Revolte losbrach, wandelte er sich vom Paulus zum Saulus: Die Theologie der Befreiung war für ihn Kommunismusgefahr in der Kirche. Die Armen Lateinamerikas begannen zu monieren: Wir hören jetzt seit Hunderten von Jahren

Predigten über Liebe, Barmherzigkeit und Gerechtigkeit – und warum sitzen wir immer noch in den letzten Kirchenbänken und die Reichen in den Ersten? Warum dürfen sie uns ausbeuten, für so wenig Geld, dass wir unsere Kinder nicht ernähren können? Durch diese Fragen entwickelte sich in Lateinamerika ein ganz neues Verständnis von Christentum. Nämlich das eines Basischristentums, eines Wurzelchristentums, das vom einfachen Kirchenvolk getragen wird. Übrigens – man will es kaum glauben! – Papst Paul VI. und einige Kardinäle haben das sehr unterstützt. Wofür sie von der in Lateinamerika herrschenden Clique und Teilen der kirchlichen Hierarchie als Kommunisten verschrieen wurden.

Schwester Lea: In dem Buch *Macht und Ohnmacht auf den Philippinen*, 1986 erschienen, hast du in dem Kapitel »Kirche nach Menschenmaß« geschrieben, dass die Befreiungstheologien in der Dritten Welt die Macht der Liebe an die Stelle der Liebe zur Macht zu rücken versuchten. Statt sich Gesetzen, Vorschriften, Verboten, Hierarchien zu beugen, hätten sie das Heil des Menschen und der Welt eingeklagt. Damit werde jeder Wille zur Macht infrage gestellt, was die Machtbesessenheit – auch der katholischen Eliten – empfindlich störe. Deinen Text von 1986 finde ich aktueller denn je.

Pater Köster: Für die Kirche wäre die Nächstenliebe viel leichter, wenn der Nächste nicht so nahe wäre.

Schwester Lea: Wie auch immer – Tatsache ist, dass heute die Reichen noch lauter als früher tönen: »Die Armen haben ihre Armut selbst verschuldet. Unseren Reichtum haben wir uns verdient.« Das ist sehr weit verbreitet im globalisierten Kapitalismus. Als ich 1960 ins Kloster eingetreten bin, wollte ich mit Politik nichts zu tun haben. Und dann bin ich Ende der 1970er, Anfang der 1980er-Jahre dreimal auf den Philippinen gewesen – einmal sind wir ja zusammen gereist. Dort hatten sich Priester und Ordensleute mit den Armen gegen den blutrünstigen Diktator Marcos, die einheimische katholische Elite und die internationalen Konzerne verbündet, die wegen der billigen Arbeitskräfte auf den Philippinen Waren für die reichen Industrienationen produzieren ließen. Da wurde mir klar, dass Politik und Christentum durchaus zusammengehören. Nicht im Sinne von Parteipolitik, sondern als Parteinahme für die Ohnmächtigen gegen die Mächtigen. Wenn ich in der Nachfolge Jesu stehe, dann muss ich alles dafür tun, dass alle Menschen wie Kinder Gottes leben können.

Pater Köster: Ich habe 1997 in einem Buch geschrieben, dass die innerkirchliche Vergangenheit wahrscheinlich ganz anders verlaufen wäre, wenn wir nicht als Glaubensbekenntnis hätten: »Ich glaube an Gott den allmächtigen Vater«, sondern: »Ich glaube an Gott, der die Liebe ist.«

Schwester Lea: So ähnlich dachten die Karmelitinnen in der philippinischen Provinz Infanta. In einen Baumstamm neben dem Eingang ihres Klosters hatten sie die Inschrift geritzt: *Den Träumen des Vaters gewidmet.* Als ich die Schwestern fragte, was sie damit meinen, erklärten sie mir: »Gott, unser Vater im Himmel, wünscht sich für seine irdischen Kinder, dass sie genug zu essen und zu trinken haben, dass sie gesund sind, dass sie lieben und geliebt werden, dass sie in Freiheit leben und nicht als Sklaven. Er träumt von Menschenwürde und Menschenrechten. Gott hat keinen Mund, mit dem er protestieren kann, wenn man seine Kinder malträtiert; er hat keine Hände für tatkräftige Hilfe. Aber wir!« Auch ich muss denen, die nicht gehört werden, die keine Stimme haben, eine Stimme geben, habe ich damals beschlossen. Für mich sind das Not leidende Frauen und Kinder. Bei meiner Solwodi-Arbeit in Kenia ab 1985 und ab 1987 auch hier in Deutschland habe ich mich immer von Gott unterstützt gewusst. Das muss er doch unterstützen! Das ist ja das, was er will, wenn er ein liebender Vater ist. Dass wir genau hinsehen und unsere Augen öffnen, unsere Ohren öffnen für die Not der Menschen.

Pater Köster: Das versuche ich als Hilfspastor hier in der Hirzenacher Pfarrgemeinde ja auch im Kleinen. Bei den Kommunionkindern beispielsweise. Die biblischen Geschichten versuche ich ihnen nachhaltig nahezubringen, indem ich sie auf die Situation, den Lebensalltag der heutigen Kinder beziehe. »Jesus ist mit offenen Augen und Ohren durch die Welt gegangen«, sage ich ihnen, »das solltet ihr auch tun. Augen auf, Ohren auf! Guckt doch mal in eure Schule, in eure Klasse! Was beobachtet ihr da?« – »Der Lehrer ist ganz doof«, sagt da einer. »Bei dem anderen Lehrer kann man viel mehr lernen«, ergänzt ein anderer. Oder: »Da ist ein Mädchen in unserer Klasse, die ist nicht so schön angezogen wie wir.« Solche Sachen kommen dann. »Und was beobachtet ihr bei euch zu Hause?«, frage ich. »Meine Eltern, die zanken sich immer«, wird oft entgegnet. Und dann bespreche ich das mit ihnen: »Warum hat das Mädchen denn wohl nicht so schöne Kleider? Kann es sein, dass die Eltern wenig Geld haben oder so viele Kinder, dass sie nicht ständig für alle neue Sachen kaufen können?« Und dann kommen wir auf das Thema Armut, hier in Hirzenach und überall auf der Welt. Oder ich schlage den Kindern vor: »Eurem Lehrer, den ihr doof findet, solltet ihr einfach mal sagen, dass ihr seinen Unterricht nicht versteht, vielleicht ändert er ihn dann. Auch mit euren Eltern solltet ihr mal offen reden, damit sie wissen, wie sehr ihr darunter leidet, dass sie sich dauernd streiten.« So nehme ich die einzelnen Themen mit den Kindern durch und sage ihnen: »Augen auf, Ohren auf!« Auch wenn man lieber wegschauen und weghören würde – manches kann nicht so bleiben, wie es ist. Man muss sich dafür einsetzen, dass es sich ändert.

Schwester Lea: Genau das ist es doch! Es ist natürlich sehr zu bedauern, dass wunderschön formulierte Dokumente wie die Enzyklika *Deus caritas est* sehr abstrakt bleiben, ohne die Umsetzung im Blick zu haben. Aber wir – du und ich und viele andere an der Basis – versuchen die Menschen zu ermutigen, das Christsein ernst zu nehmen, hier und heute. Von denen mit Machtpositionen kann man das wahrscheinlich gar nicht erwarten. Das war schon immer so. Mächtige – einerlei, ob in Politik, Wirtschaft oder Kirche – verzichten nicht freiwillig auf ihre Pfründe. So richtig und wichtig es auch wäre, die fordern die Machtlosen nicht auf: »Ach, ihr Armen, ihr habt so wenig Einfluss, kommt doch her und bestimmt mit!« Zwar dürfen die manchmal ihre Meinung äußern, aber ohne Folgen, wie wir am Beispiel der Würzburger Synode gesehen haben. Wenn das so ist, wenn das eine Gesetzmäßigkeit ist, dann kann man doch nur zwei Dinge tun: entweder resignieren oder »ein Stachel im Fleisch« sein, wie Paulus sagt. Trotzdem am Ball bleiben, trotzdem etwas bewegen. So wie du es mit deinen Kommunionkindern machst.

Pater Köster: Aber bleibt da was hängen? Im Grunde kannst du machen, was du willst – den säkularen Strom der heutigen Zeit, den hältst du nicht auf. Bei seinen eigenen Kindern hält man den nicht auf. Frag mal den Jojo, wie der zu Glaubensfragen steht!

Schwester Lea: Aber guck doch mal, Fritz: Jojo durchsteht momentan eine schwierige Zeit, aber geben wir deshalb auf? Das wird er überwinden. Und wir leisten Hilfestellung, damit er's überwindet. Dasselbe gilt auch für die Form des christlichen Zusammenseins, die Kirche ist. Ich denke, es ist wichtiger denn je, dass es Leute gibt, die wie du in deinem Text über die Enzyklika auf deiner Homepage mahnen: »Wenn ihr sagt, dass Gott die Liebe ist, dann richtet euch auch in euren Taten danach!«

Pater Köster: Aber es gibt geschichtliche Entwicklungen, die man nicht aufhalten kann, wie ich befürchte, so sehr Leute wie wir sich auch dagegen zu stemmen versuchen. Das hat nichts mit Pessimismus oder Fatalismus zu tun – das ist Realismus. Hier im Dorf haben wir vor zehn Jahren Idealisten gehabt, die verkündeten: »Auto fahren wir nicht, der Umwelt zuliebe! Wir fahren Fahrrad, mit dem Zug oder Bus.« Das waren Grüne, richtige Öko-Kämpfer. Heute halten die für sich und ihre Familien zwei oder drei Autos. Früher pickten sie biologisch angebaute Körnchen, heute essen sie Fastfood. Die haben gemerkt: »Letztlich ist es utopisch, was wir früher wollten.« Es ist eben schwer, als Einzelner oder kleine Gruppe einen allgemeinen Trend aufzuhalten. Auch in der Kirche ist das sehr schwer, nahezu unmöglich.

Schwester Lea: Dennoch, die Umweltbewegung hat etwas verändert! Mein Auto ist alt und klapprig, ich brauche dringend ein neues. Als ich das der Trixi sagte, war die sofort Feuer und Flamme: »Kauf dir einen BMW oder einen Mercedes!« – »Nein, auf keinen Fall!«, habe ich entgegnet: »Ich will ein Auto, das wenig Benzin braucht und die eigene Energie in einem Akku speichert.« Das hat Trixi eingesehen. Zwar findet sie solche Energiespar-Autos hässlich, aber der Umwelt zuliebe ist ihr das egal. Das Ideal von damals – wir fahren überhaupt kein Auto – hat diese 17-Jährige nicht, doch sie ist zu Kompromissen bereit. Wir machen immer wieder Abstriche von großen Idealen, trotzdem ist es wichtig, dass wir sie nicht aufgeben. Denn ein Stück davon bleibt immer hängen.

Pater Köster: Sogar beim Jojo!

Schwester Lea: Wie das denn?

Pater Köster: (*lacht*) Gestern Abend, als ich *Anatevka* guckte, bin ich vorm Fernseher eingeschlafen. Da kommt der Jojo ins Zimmer, stößt mich an und sagt: »Augen auf, Ohren auf!«

Schwester Lea: (*auch lachend*) Siehst du! Das hat er sich gemerkt.

»Ökumene«:

Schlupflöcher in Hecken und Zäunen

Wir Christen glauben alle anders,
aber wir glauben an keinen Anderen.
Ökumene ist deswegen auch keine Suche
nach dem kleinsten gemeinsamen Nenner,
sondern nach dem größten,
das heißt Jesus Christus selbst.

Alfons Nossol

Pater Köster: Lea, gestern habe ich den evangelischen Pfarrer aus unserem Nachbarort getroffen. Da habe ich natürlich sofort wieder daran gedacht, wie verdutzt ich war, als der eines Sonntags mit seiner Frau und seinen drei Kindern hier bei uns im Gottesdienst saß. Der hat mitgesungen, der hat mitgebetet und er ging auch mit der ganzen Familie zur Kommunion. Jahre später hat Joseph Ratzinger – da war er noch Kardinal – Roger Schütz, dem evangelischen Abt der ökumenischen Kommunität von Taizé, die Kommunion gereicht. Dieses Vorbild hatte ich noch nicht, als der evangelische Pfarrer vor mir stand und kommunizieren wollte. Selbstverständlich habe ich ihn und seine Familie nicht abgewiesen. Den evangelischen Ehepartnern von katholischen Gemeindemitgliedern hatte ich ja auch schon öfter die Kommunion gegeben – eine Realität, die tausendfach in den Gemeinden heute praktiziert wird.

Schwester Lea: Ich stamme ja aus dem Saarland, da werden Protestanten »die Bloen« – die Blauen – genannt. Bei uns im Dorf waren zwei Drittel der Christen evangelisch und ein Drittel war katholisch. In der Schule hat man uns voneinander getrennt. In einem Flügel wurden die Katholiken unterrichtet, in einem anderen die Protestanten. An dem katholischen Feiertag Fronleichnam haben die evangelischen Familien ihren großen Waschtag abgehalten. Und am Karfreitag, der ja der höchste Feiertag der Protestanten ist, haben die katholischen Familien ihren Mist aufs Feld gefahren oder auch die Wäsche rausgehängt. Ich weiß noch, wie mein Vater sich ereiferte, als meine Mutter ihn überreden wollte, am Karfreitag die heilige Messe zu besuchen: »Spinnst du? Das ist doch ein Feiertag von den Bloen! Da müssen wir nit in die Kirche.« Mit dieser Feindschaft zwischen Katholiken und Protestanten bin ich aufgewachsen. Darum habe ich, als ich sah, wie der evangelische Pfarrer bei dir kommunizierte, voller Freude gedacht: »Das ist eine Revolution!«

Pater Köster: In katholischen Gemeinden ist es heute überhaupt kein Problem mehr, dass Protestanten bei der Vorbereitung von Festen oder anderen Veranstaltungen mithelfen. Protestanten dürfen auch Taufpaten eines katholischen Kindes sein, aber von der Eucharistiefeier sind sie offiziell immer noch ausgeschlossen. Dass Kardinal Ratzinger dem evangelischen Roger Schütz die Kommunion gereicht hat, war zwar eine versöhnliche Geste, aber eine Ausnahme. Für die Allgemeinheit wird da immer noch eine Grenze gezogen. Eine theoretische Grenze – in der Praxis wird die überhaupt nicht akzeptiert. Die Leute verstehen das nicht und fragen sich: »Was soll das eigentlich?« Katholiken gestehen mir oft: »Ich bin am Sonntag mal in eine evangelischen Kirche gegangen, der Gottesdienst hat mir gut gefallen.« Viele Christen, katholische wie evangelische, lassen sich nicht mehr von Regeln fremd bestimmen, die sie nicht als sinnvoll erachten. »Ökumene« wird auf der Ebene des Volkes weitgehend anders verstanden als auf der Ebene des Amtes. Ich finde auch, dass das eine Revolution ist.

Schwester Lea: Als wir 1988 nach Hirzenach kamen, hast du sofort mit den Bibelkreisen angefangen. Eine evangelische Frau erzählte mir damals, sie habe eine katholische Nachbarin gefragt: »Nimmst du mich mit zu eurem Bibelkreis?« Worauf die andere streng entgegnete: »Der ist nur für Katholiken!« Diese Zurückweisung hat die Protestantin tief verletzt. Ich glaube, heute würde die Katholikin nicht mehr so reagieren, weil sich so viel verändert hat, weil an der Basis Ökumene praktiziert wird. Und da hinkt die Amtskirche gewaltig hinterher. Papst Johannes XXIII., der 1962 das Zweite Vatikanische Konzil einberief, war in dieser Hinsicht viel fortschrittlicher als seine Vorgänger und Nachfolger. Der hat sich nie ausschließlich an Katholiken gewandt, sondern immer an »Menschen, die guten Willens sind«.

Pater Köster: Der jetzige Papst sagt ja ständig: »Wir müssen unser katholisches Gesicht wahren.« Natürlich müssen wir das, das sehe ich genauso. Selbstverständlich soll jede Konfession und Religion ihre eigenen Traditionen pflegen. Aber gleichzeitig muss man die Maßstäbe wieder richtig setzen: Manche Protestanten leben christlicher als manche Katholiken und umgekehrt. Wir haben seit Jahrhunderten die Wahrheitsfrage in den Vordergrund gestellt, also die Frage nach dem dogmatischen Glauben, in Abgrenzung zu anderen Konfessionen und Religionen. Der wird theologisch erforscht und dann in Dogmen und im Glaubensbekenntnis festgehalten. Benedikt XVI. bereitet es große Sorge, dass die moderne westliche Gesellschaft nicht mehr nach der Wahrheit fragt, womit er die Wahrheit als Lehre meint. Aber das ist eine Sackgasse! Warum fragt er so wenig nach dem »wahren Leben«, nach verbindlichen Wertmaßstäben für das Leben? Das Christentum würde wieder Boden unter die Füße bekommen.

Schwester Lea: Unsere Generation – deine und meine – wurde ja so erzogen: »Im Katechismus steht alles, was ihr zu glauben habt.« Theologensprache! Aber die Menschen fragen nach etwas anderem. Nach dem Sinn des Lebens oder nach Gott. Wenn Theologen behaupten: »Wir wissen, wie dieser Gott aussieht, wie er denkt, wie er handelt, was er für gut hält, was er für schlecht hält; wir sind im Besitz der reinen und einzigen Wahrheit« – dann erheben sie sich arrogant über Andersgläubige und Nichtgläubige, die mitten im Leben auf der Suche sind.

Pater Köster: Die Wahrheitsfrage, so wie die katholische Kirche sie stellt, ist im Grunde eine getaufte griechische Philosophie – gut für akademische Köpfe. Diese Art des Denkens ist dem biblischen Denken weitgehend fremd. In der Bibel wird Liebe nicht definiert, da wird Gemeinschaft nicht definiert, da wird Toleranz nicht definiert. Das wird einfach – je nach Lebenslage – getan. Im Johannesevangelium heißt es: »Wer die Wahrheit tut, der kommt zum Licht.« Theologen sagen: »Wer die Wahrheit *denkt*, kommt zum Licht.« Das ist der riesige Unterschied. Heutige Menschen glauben nicht mehr, dass man die Wahrheit nur durchs Denken finden kann. Aber der Papst und die Kirche glauben es immer noch. Und jetzt komme ich wieder zur Ökumene. Frag doch mal einen Katholiken, ob er dir den Unterschied zwischen katholischem Eucharistieverständnis und evangelischem Abendmahl erklären kann! Das können die wenigsten.

Schwester Lea: Ich habe auch meine Schwierigkeiten damit. Ich meine, es wäre so: Katholiken glauben an die leibliche Anwesenheit Jesu in Brot und Wein, während die Protestanten das mehr symbolisch verstehen.

Pater Köster: Unser Eucharistieverständnis hat sehr viel mit dem katholischen Amtsverständnis zu tun. Natürlich glauben wir an die leibliche Gegenwart Jesu in der Eucharistie, aber wir glauben auch, dass nur eine Amtsperson sie feiern darf – ein geweihter Priester. Salopp formuliert: Wenn wir Priester die richtigen Worte sprechen, dann kann der liebe Gott nicht anders, dann muss er in der Eucharistie leiblich anwesend sein. Im biblischen Denken ist Gott immer im Leben der Menschen gegenwärtig. In der Eucharistie wird diese Anwesenheit Gottes im Leben gefeiert. Der Reformator Martin Luther wollte zum Ursprünglichen zurück: »Sola scriptura!« – die Schrift allein, nur die Bibel zählt. Aber dann hat der Protestantismus schon im 16. Jahrhundert den großen Fehler gemacht, sich auf theologische Grabenkämpfe mit der katholischen Kirche einzulassen. Den Weg der »Sola scriptura« beschritten die Protestanten nicht konsequent genug. Darum haben sie heute genau wie wir ihre universitären, dogmatischen Theologen, die manchmal noch abstrakter und lebensferner denken als unsere. Die Theoretiker haben das Abendmahl theologisch verkompliziert. Die einen definieren es so und die anderen kontrovers anders. Aber Gott in seiner Huld ist ohnehin gegenwärtig im Leben von Menschen guten Willens. Der Glaube daran, dass er uns begleitet, dass er uns nicht im Stich lässt – der Bundesgedanke aus dem Alten Testament – bleibt entscheidend. Das Abendmahl ist dabei zentraler Angelpunkt.

Schwester Lea: Jesus ist ja überhaupt nicht kompliziert, der sagt völlig schlicht: »Wo sich zwei oder drei in meinem Namen versammeln, bin ich mitten unter ihnen.«

Pater Köster: Das sollte gefeiert werden.

Schwester Lea: Genau! Da müsste die katholische Kirche viel freier sein. Aber sie beharrt starr auf ihren Theorien.

Pater Köster: Nimm mal den Gedankengang, der hinter der Wandlung steckt! Die Hostie wird verwandelt, aus der Substanz des Brotes wird eine Substanz des Fleisches Christi. Aus der Substanz des Weines wird eine Substanz seines Blutes. Wir hatten früher hier in der Nachbargemeinde einen Pfarrer, der immer sagte – und so habe ich es auch gelernt: »Es schmeckt wie Brot, ist aber kein Brot mehr; es schmeckt wie Wein, ist aber kein Wein mehr.« Das ist die aristotelische und scholastische Philosophie von Substanz und Akzidenz.

Schwester Lea: Wenn die katholische Kirche, statt sich weiter an das philosophische Denken zu klammern, biblisch zu denken begänne, dann könnte sie dazu beitragen, viele Probleme unserer heutigen Zeit zu lösen. Zum Beispiel die Frage der Integration von andersgläubigen Ausländern – Moslems, Buddhisten, Hindus und so weiter – in unsere christlich geprägte Gesellschaft. Wenn man sich im Alleinbesitz der Wahrheit wähnt, kann man die ja gar nicht integrieren. Denkt man aber biblisch, weiß man, dass alle Menschen von Gott Gaben und Fähigkeiten bekommen haben. Von diesem Gedanken ausgehend, könnte ein menschlicheres Miteinander möglich werden. Ebenso ein gemeinsames Arbeiten für den Frieden in der Welt.

Pater Köster: Zum Thema »Integration« ein typisches Beispiel: Eines Tages besuchten mich hier in Hirzenach Abiturienten vom Gymnasium in Boppard und erzählten mir, der todkranke Vater einer Mitschülerin werde wahrscheinlich bald sterben. »Und warum kommt ihr dann zu mir? Ich bin doch gar nicht für euch zuständig!« Woraufhin mir die jungen Leute gestanden: Ihre Klasse bete »wahnsinnig« dafür, dass mein Kollege im Urlaub ist, wenn der Todkranke stirbt. – »Wieso das denn?« – »Weil Sie die Vertretung sind! Wir haben gehört, dass Sie vermutlich als einziger Priester weit und breit einen Muslim beerdigen würden. Der Vater unserer Mitschülerin ist einer.« Dieser Mann hatte eine katholische Frau geheiratet, seine drei Kinder waren auch katholisch, aber er war dem Islam treu geblieben. »Also gut«, habe ich gesagt, »ich beerdige ihn, wenn mein Kollege im Urlaub sein sollte.« Und es kam tatsächlich so – das Gebet der Abiturienten wurde erhört. Der Muslim sollte in der Nachbarschaft beigesetzt werden. Als ich die Küsterin bat, die Totenglocke für ihn zu läuten, hat sie sich geweigert. Aber ich habe darauf bestanden. Das war der erste Krach. Die Küsterin alarmierte sofort meinen Kollegen. Der rief mich aufgebracht aus seinem Urlaubsort in Südtirol an, um mir die Beerdigung auszureden: Wenn überhaupt, müsse ich vorher die Erlaubnis bei höheren Instanzen einholen. »Ich denke nicht dran!«, erwiderte ich:

»Aufgrund konkreter Umstände habe ich das beschlossen. Dabei bleibe ich!« Beim Trauergottesdienst war die Kirche brechend voll: Sensationslustige, das ganze Gymnasium, katholische Verwandte und Bekannte der Familie und sehr viele Muslime, denn der Verstorbene war ein einflussreicher Moslem gewesen. Das Thema meiner Predigt lautete schlicht und einfach: Wir haben alle von Gott einen Auftrag! Die ganze Geschichte erregte großes Aufsehen und fand bei den Moslems große Zustimmung. Theoretisch hätte ich gemaßregelt werden können ...

Schwester Lea: ... aber die oberen Instanzen haben dir nie Vorwürfe gemacht. (*Pater Köster betrachtet nachdenklich durch das Küchenfenster den Garten draußen.*) An was denkst du?

Pater Köster: (*wendet sich wieder ihr zu*) An Schrebergärten!

Schwester Lea: Wie kommst du darauf?

Pater Köster: Weil Schrebergärten ein schönes Bild für den sogenannten Dialog zwischen den Konfessionen und Religionen sind. Da ist ein katholischer Schrebergarten, ein evangelischer, ein orthodoxer, ein muslimischer, ein jüdischer – lauter kleine Parzellen nebeneinander, mit Hecken und Zäunen drum herum. Früher hat man sich über diese Umgrenzungen gegenseitig den Dreck in die Gärten geworfen; aber seit zwanzig, dreißig Jahren reicht man sich die Hände von Garten zu Garten und bemüht sich, nett zueinander zu sein. Doch die Parzellen sind geblieben und die Hecken und Zäune auch.

Schwester Lea: Der evangelische Pfarrer aus unserem Nachbarort hat ein Loch in die Hecke geschnitten. Ein so großes, dass nicht nur er, sondern auch seine Frau und seine drei Kinder hindurchschlüpfen konnten, um in deinen Garten zu gelangen, wo du ihnen die Kommunion gereicht hast. Mit der Beerdigung eines Muslims hast du quasi einen kompletten Zaun abgerissen. Als ich vorhin sagte, dass solche Beispiele einer Revolution gleichkommen, hast du mir noch zugestimmt. Auf einmal bist du wieder skeptisch. Weil du nicht nur ein querköpfiger Seelsorger bist, sondern auch ein kritischer Theologe, der manchmal viel zu viel grübelt – über das, was war, ist und sein könnte. Ich bin da viel pragmatischer und viel begeisterungsfähiger. In der Karwoche haben wir doch an drei Tagen hier im Pfarrhaus Bibel-Teilen angeboten. An einem dieser Tage ist ein Ehepaar gekommen, das ein Gourmet-Restaurant betreibt. Weltläufige Leute, die sich areligiös nennen, aber auf der Suche sind und uns beiden sehr zugetan. Sie haben sich vom Bibel-Teilen mit uns neue, sinnstiftende Erkenntnisse erhofft. Das ist doch toll! Zumal es auch für uns erkenntnisreich war, weil dieses areligiöse Ehepaar völlig unvorbelastet Fragen an die Bibel stellte und auch Antworten bekam.

Pater Köster: Das finde ich doch auch toll, Lea! Dennoch kann ich nicht darüber hinwegsehen, dass sich der sogenannte Dialog zwischen der katholischen Kirche und anderen Religionen und Konfessionen auf ein freundliches Händeschütteln über die Hecke hinweg beschränkt. Gestern wurde im Fernsehen Kardinal Kasper zu der Frage interviewt, was ein Jahr Benedikt XVI. für die religiöse Toleranz gebracht hat. Der Kardinal verkündete feierlich, dass Benedikt der erste Papst sei, der eine Synagoge besucht habe. Da kann ich nur den Kopf schütteln. Seit zweitausend Jahren wissen wir, dass Jesus von uns verlangt, unseren Nächsten und unsere Feinde zu lieben. Aus dem, was das Selbstverständlichste für uns sein sollte, macht Walter Kasper eine diplomatische Sensation: dass ein Papst eine Synagoge betritt! Das nennt man dann »interreligiösen Dialog«.

Schwester Lea: Unser Kardinal Lehmann, Chef der katholischen Bischofskonferenz, und der evangelische Bischof Huber, Vorsitzender der EKD, geben neuerdings gemeinsame Erklärungen ab: gegen Armut, gegen Familienfeindlichkeit, gegen Schwangerschaftsabbrüche. Das ist sehr zu begrüßen. Trotzdem bleibt die Frage: Warum braucht man Jahrhunderte dazu, um Seite an Seite selbstverständliche christliche Grundsätze zu vertreten?

Pater Köster: Du hast vorhin gesagt, dass biblisches Denken viele Probleme unserer heutigen Zeit lösen könnte. Aber dazu benötigen Christen einen gemeinsamen Schlüssel, den die Bibel gibt: Es geht um ein gottgemäßes Leben, nicht um das Herumhantieren mit Worten und Begriffen. Du hast ja schon das Neue Testament zitiert: »Wo sich zwei oder drei in meinem Namen versammeln, bin ich mitten unter ihnen.« Und: »An ihren Früchten werdet ihr sie erkennen.« Im Alten Testament sagt Jesaja sogar: »Gott lässt überall Regen fallen, um die Erde fruchtbar zu machen.« Das heißt: auch für Moslems, Hindus, Buddhisten und so weiter. Sogar für Kommunisten! Der von dir bereits erwähnte Johannes XXIII. hat keinen ausgenommen, als er damals seine Aufsehen erregende Enzyklika *Pacem in terris* – Friede auf Erden – schrieb: an alle Menschen guten Willens!

Sehnsucht nach Spiritualität und religiöser Tourismus

Ich sage dir: Es gibt keine göttliche Amnestie,
die dir das Werden erspart. Du möchtest sein:
Du wirst nur in Gott sein.
Er wird dich in seine Scheune einbringen,
nachdem du langsam durch deine Handlungen
geworden und geknetet sein wirst;
denn der Mensch braucht lange
zum Geborenwerden.

Antoine de Saint-Exupéry

Pater Köster: Lea, gestern Abend habe ich mich wahnsinnig geärgert.

Schwester Lea: Ach du je, was ist passiert?

Pater Köster: Im Fernsehen lief eine Sendung über »Ein Jahr Benedikt XVI.«. Da wurde gezeigt, wie sich der neue Papst von den auf dem Petersplatz versammelten Massen feiern lässt. Karossen mit Würdenträgern fuhren vor und die Menschen jubelten fast hysterisch. Davon ist mir übel geworden – ich konnte die Sendung nicht bis zum Ende gucken, ich musste vorher ausschalten. Diese Inszenierung von Macht und Pracht und diese Massenhysterie haben mich spontan an die Aufmärsche zur Hitler-Zeit erinnert, als ganz Deutschland »Sieg Heil!« brüllte und »Wir wollen den totalen Krieg!« Ich dachte auch an die DDR. Erich Honecker hat noch kurz vorm Mauerfall in Ostberlin einen gigantischen Parteitag abgehalten, wo Zehntausende aufmarschierten, um den Sozialismus zu feiern. Massen sind für alles mobilisierbar und manipulierbar. Das finde ich widerlich – vor allem, dass die Kirche es so ähnlich macht.

Schwester Lea: Als junges Mädchen habe ich Rom besucht. Damals war Pius XII. Papst. Der lud auch zu großen Empfängen in den Petersdom ein. Massenhysterie war mir ein Gräuel, doch plötzlich habe ich wie wild geschrieen und geklatscht. »Lea, was tust du denn da?«, fragte ich mich erschrocken. Damals im Petersdom erinnerte ich mich an eine Begebenheit, von der mir meine Mutter berichtet hatte. Mit mir auf dem Arm ist sie zufällig beim Einkaufen in eine Veranstaltung mit Adolf Hitler unter freiem Himmel geraten. Mutti, die überzeugte Katholikin, fand die Nazis abstoßend, aber sie erzählte mir später: »Ich hätte dich beinahe fallen lassen vor Schreien und Klatschen.« Die Menge, die Hitler bejubelte, hatte sie mitgerissen.

Pater Köster: Fällt auf dem Fußballplatz ein Tor, jubeln die Menschen auch. Das hat mit dem euphorischen Gefühl zu tun, dem man sich als Teil einer begeisterten Menge kaum entziehen kann. Wenn Trixi, Jojo und ich demnächst zum Europapokal-Spiel nach Berlin fahren, werden wir im Olympia-Stadion genauso laut brüllen wie die Leute auf dem Petersplatz in Rom. Es wäre interessant zu fragen, wieso das so ist, warum wir so mobilisierbar und manipulierbar sind. Als gesichert gilt, dass die Medien dabei entscheidend mitmischen. Der vorige Papst hat sie geschickt für sich genutzt; Johannes Paul II. hat damit für die Kirche angefangen, darum hat man ihn »Medienpapst« genannt. Massensuggestion durch Massenmedien gab's schon bei den Nazis. Die haben ihre braune Propaganda über den Volksempfänger verbreitet – ein einfaches Radio, das damals jeder zu Hause hatte.

Schwester Lea: Ich finde, dass man diesen neuen religiösen Tourismus nicht durchweg negativ sehen muss. Trixi ist ja letztes Jahr mit ihrer Freundin zum Weltjugendtag nach Köln gefahren, auch so eine Massenveranstaltung. Die katholische Jugend aus der ganzen Welt begegnete sich – das ist doch gut und schön. Gefallen hat mir auch, dass es anschließend hieß, wie friedlich und heiter alles war: keine Gewalt, weder Alkoholexzesse noch Drogenkonsum.

Pater Köster: Aber die in Köln versammelten Jugendlichen haben doch jeden euphorisch gefeiert. Nicht nur den neuen Papst, auch unseren Bundespräsidenten und den Kölner Kardinal Meisner. Aus sehr unterschiedlichem Holz geschnitzte Leute. Da wird doch gar nicht gefragt, für welche Inhalte die Bejubelten stehen.

Schwester Lea: Während meines Lehramtsstudiums hatten wir eine Ausbilderin, die eine sehr kluge Frau war. Die sagte immer: »Wenn ihr als junge Lehrerin vor einer Klasse steht, hebt die euch hoch; egal, was ihr sagt – einfach nur, weil ihr neu im Beruf seid. Täuscht euch nicht! Denn plötzlich ziehen sie die Hände weg und lassen euch fallen.« Das kann auch Papst Benedikt XVI. passieren.

Pater Köster: Und die Medien werden vermutlich den Anfang machen. Das ist ja ein Phänomen, was zurzeit zu beobachten ist, wenn man Zeitung liest oder Fernsehen guckt: Journalisten, die mit Kirche überhaupt nichts am Hut haben, bejubeln den neuen Papst. Wart's ab! Wenn Benedikt irgendeinen Fehler macht, von dem die Journaille annimmt, die Berichterstattung darüber könnte Auflagen und Quoten steigern, geht's genau umgekehrt – dann werden die Medien so richtig auf Benedikt herumhacken. Da stimmt doch hinten und vorne was nicht. Nachdem ich gestern Abend den Fernseher ausgeschaltet hatte, fragte ich mich: »Wie kommt es, dass du so wütend bist, wütend wie nie?« Auf einmal wusste ich, warum. Diese Hunderttausende, die neuerdings ständig nach Rom reisen – was könnte man mit ihrer religiösen Begeisterung anfangen, wenn sie in ihre Heimatpfarreien zurückkehren? Die Antwort lautet: Nichts! Die machen so weiter wie vorher – wenn's hoch kommt, sonntags in die Kirche gehen. Nimm mal die Trixi! Wir haben sehr unterstützt, dass sie mit ihrer Freundin zum Weltjugendtag nach Köln fährt. Aber die hat auch einen religiösen Background; in dieser Hinsicht ist sie stark von uns geprägt; Trixi muss man nicht durch Massenveranstaltungen fürs Christentum begeistern. Als sie aus Köln zurückkam, habe ich sie gefragt: »Wie war's denn?« – »Cool! Die Lateinamerikaner und Afrikaner haben toll getanzt.« – »Hast du den Papst gesehen?« – »Ja, aber nur von Ferne.« Ich glaube, dass bei vielen Leuten, die dem religiösen Tourismus huldigen, wenig christlicher Background mit Substanz vorhanden ist. Der wird auf diesen Massenveranstaltungen auch nicht geschaffen. Benedikts Vorgänger Johannes Paul II. hat die Weltjugendtage ins Leben gerufen, weil er dachte, er müsse Events wie Rock- und Popkonzerte inszenieren, um bei den Jugendlichen »in« zu bleiben oder es zu werden. Das ist ihm gelungen. Auch bei Erwachsenen. Der religiöse Massentourismus begann ja unter der Ägide dieses sogenannten Medienpapstes. Die große Illusion dabei ist, dass man das Zukunftsprojekt Christentum mit Jubelfeiern befördern kann. Davon halte ich nur wenig. Im Gegenteil! Ich finde es sehr problematisch, wie der »Aufstand der Massen« inszeniert wird.

Schwester Lea: Dennoch glaube ich, dass wir Gemeinschaft brauchen. Die katholische Kirche ist eine riesengroße Gemeinde, in der sich weltweit Millionen von Menschen beheimatet fühlen – immer noch. Auch für mich ist sie Heimat. Obwohl ich es kritisiere, dass wir Frauen so wenig mitreden und mitentscheiden dürfen; obwohl ich mich über vieles ereifere, was dem biblischen Denken widerspricht und dem jesuanischen Tun zuwiderläuft, finde ich es wichtig, dass es die katholische Kirche gibt. Beim religiösen Tourismus, den du für problematisch hältst, muss man berücksichtigen, in welcher Zeit wir heute leben – sie prägt uns doch. Nie zuvor haben sich Menschen in Massen so frei und flexibel überall hinbewegen können. Trotz aller negativen Folgen des Massentourismus ist das auch ein gesellschaftlicher Fortschritt, weil früher nur Eliten reisten. Dass sich bei katholischen Massenveranstaltungen wie dem Weltjugendtag in Köln oder der Jahresfeier für Papst Benedikt in Rom Katholiken aus der ganzen Welt als Gemeinschaft begegnen, ist was Faszinierendes.

Pater Köster: Und ein Riesengeschäft! Alle sahnen ab: Reisebüros, Busunternehmer, Fluggesellschaften, Hotels, Restaurants und so weiter und so fort. Gestern Abend beim Fernsehen dachte ich an Don Camillo und Pepone. In den

Romanen von Guareschi ist der kommunistische Kirchenhasser Pepone Bürgermeister in einem italienischen Dorf. Wäre er heutzutage in der realen Welt Bürgermeister von Rom – er würde die Kirche lieben, weil sie die Massen anlockt, die in seiner Stadt viel Geld ausgeben! Solcher Gedanke kam mir. Finanziell kann man sich da gesundstoßen.

Schwester Lea: Meine Frage wäre: Wie müsste man's denn anpacken, dass es das Christentum weiterbringt? Du hast eben gesagt, von der Begeisterung auf dem Petersplatz oder beim Weltjugendtag wäre nach der Rückkehr der religiösen Touristen in ihre Heimatpfarreien kaum etwas zu spüren: Die Kirchen bleiben leer, das rauschhafte Gemeinschaftsgefühl ist verebbt. Aber wenn wir eine lebendige Christengemeinschaft bleiben oder wieder werden wollen – eine religiöse Kraft, die das Gute stärkt, das mitmenschliche Miteinander – müssen wir uns versammeln, um mit anderen Christen ins Gespräch zu kommen: über das, was im Evangelium steht.

Pater Köster: Ich würde solchen Massenveranstaltungen gegenüber weniger kritisch sein, wenn der Eindruck bestimmend wäre: Das Christentum ist auch noch eine ernst zu nehmende Angelegenheit. Edith Stein hat es auf den Punkt gebracht: »Eigentlich leben heißt, die eigensten Möglichkeiten ausschöpfen und den Forderungen des Augenblicks, den jeweils gegebenen Lebensbedingungen, entsprechen.« Johannes XXIII. sprach bereits am Anfang des Konzils von den Zeichen der Zeit, die es zu erforschen gilt. »Zeichen der Zeit«: die Sprache Gottes an uns heutige Menschen. Die Frage stellt sich, ob wir nicht zu sehr darauf bedacht sind, Liturgien und Hochämter zu feiern, möglichst aufwändig.

Schwester Lea: Apropos »aufwändig«. Karfreitag hat mich eine Freundin angerufen und mir erzählt: Am Gründonnerstag sei in dem 3sat-Magazin *Kulturzeit* ein Beitrag über des Papstes neue Kleider gelaufen. Da wurden zwei römische Modedesigner, die für den Vatikan schneidern, interviewt. Benedikt XVI. stehe, sagten sie, für eine Rückkehr der Kirche zu traditionellen Werten und Formen. Durch seine klerikale Garderobe wolle er das zum Ausdruck bringen. Darum habe er sich für die Winterzeit einen »Camauro« nähen lassen. Das sei eine Purpurhaube mit weißem Hermelinbesatz, die Päpste zuletzt im 17. Jahrhundert trugen. Für die päpstliche Ostermesse habe der Vatikan für Benedikt ein goldgelbes Gewand bestellt, dessen Muster das eines Gewandes von Papst Sisto II. auf einem Gemälde von 1445 nachahme. Meine Freundin war so empört!

Pater Köster: Dass die kirchlichen Amtsinhaber seit Jahrhunderten auf höfische Pracht und Herrlichkeit aus sind, ist klar. Dieses von Kaiser- und Königshöfen abgeguckte Gepränge ist das »katholische Gesicht«, von dem Joseph Ratzinger stets sprach. Zudem ein Ausdruck des Wohlwollens Gottes. Dass die Götter denjenigen besonders lieben, den sie mit Macht und Reichtum segnen, glauben viele Kulturen – die alten Ägypter zum Beispiel. Ich habe mal hier in der Hirzenacher Kirche eine Predigt über ein Spektakel wie Benedikts Jahresfeier gehalten. »Jesus, diesen einfachen Mann aus Nazaret, diesen Wanderprediger«, habe ich die Leute gefragt, »kann man sich den in dem Papst-Ambiente des Vatikans vorstellen? In einem Palast? In Nobellimousinen und Luxuskarossen?« Das ist unvorstellbar! Trotzdem erweckt man den Eindruck eines Jubel-Christentums. Dagegen steht die Situation in unseren Kirchen. In der Diözese Essen sollen 96 Gotteshäuser geschlossen und 270 Pfarreien zu 42 Großpfarreien zusammengefasst werden. Der Niedergang wird mit der sinkenden Zahl von Gemeindemitgliedern und reduzierten Kirchensteuereinnahmen begründet, ebenso mit dem Priestermangel. Statt Laienversammlungen als neue Form des Gemeindelebens zu erproben, wird bei der Strukturreform in den deutschen Bistümern die Zahl der Pfarreien an die Zahl der noch vorhandenen Priester angepasst – aus reinem Standesdünkel: »Wir, der Klerus, sind das auserwählte Volk. Danach müssen sich alle richten.« DIE ZEIT hat ein Dossier zu den Kirchenschließungen im Bistum Essen gemacht. Titel: »Sag beim Abschied leise Amen!« Untertitel: »Eine Reise durchs Revier der verlorenen Seelen«. Einerseits das Elend der Gemeinden, die zum Sterben verdammt sind, und andererseits der Glanz des Papsttums, das sich in Rom von den Massen feiern lässt – da stimmt wohl einiges nicht.

Schwester Lea: Die Menschen feiern nun mal gerne, das ist ein grundlegendes menschliches Bedürfnis. Wir laden doch auch hier ins Pfarrhaus oder in die Kirche zu besonders feierlich gestalteten Anlässen ein, für die wir die Räume schmücken, zu denen die Gäste in festlicher Kleidung erscheinen. Die massiven Fehlformen kritisiere ich auch. Und dass die Laien, besonders Frauen, mit ihren Fähigkeiten, die ihnen Gott gegeben hat, von der Kirche nicht ernst genommen werden. Aber ich meine, dass du das alles gelassener sehen solltest – früher bist du doch auch gegen den Strom geschwommen, ohne dich aufzuregen. Ich habe mich aufgeregt, weil du mich mit deinem ständigen Einerseits und Andererseits genervt hast: »Ja, das könnte man so sehen, aber man kann es auch anders sehen.«

Pater Köster: Bei diesem neuen religiösen Tourismus kann ich nicht gelassen bleiben. Denk mal an die Leute, die weder die Zeit noch das Geld dafür haben, nach Köln oder Rom zu reisen, um den Papst zu feiern! Ein Enkel, der seine blinde Großmutter betreut, oder eine Schwiegertochter, die ihren dementen Schwiegervater pflegt. Frauen und Männer, die sich ehrenamtlich bei Solwodi oder der Caritas engagieren. Menschen, die mit ihrer tätigen Nächstenliebe an der Basis präsent sind: in ihren Familien, in der Nachbarschaft, in sozialen Organisationen oder wo auch immer. Von denen redet man nicht, obwohl sie am meisten »Sauerteig« und »Licht der Welt« sind und am meisten der wohlklingenden Enzyklika »Gott ist die Liebe« entsprechen. Als Theologiestudent hatte ich einen Professor für Neues Testament, der sich damals schon witzig, spritzig über das höfische Zeremoniell der Kirche mokierte. Wenn man sich diesen Pomp und diese Pracht anschaue, sagte er, müsse man zu der Schlussfolgerung kommen: »Es hat in der langen Geschichte des Christentums nur zwei Christen gegeben. Der eine war Jesus von Nazaret und der andere Franz von Assisi.« Das war natürlich übertrieben, aber insofern realistisch, als nur wenige »Vorzeigechristen« das Handfeste des Evangeliums ernst nehmen.

Schwester Lea: Franz von Assisi ist ja mein männlicher Lieblingsheiliger. Ich habe mal in einem Buch über ihn geschrieben: »Er war ein Umstürzler mit Charme. Ein Revolutionär der Sprach-, Macht- und Mittellosen, obwohl reich von Geburt. Er wechselte die Seiten. Er machte es sich freiwillig schwer. Solwodi ist für mich ein Versuch, den Seitenwechsel des Franziskus aktuell nachzuvollziehen.« Es ist nie die Masse, die eigenständig denkt und einen anderen Weg einschlägt – es sind immer Einzelne, die sich dafür entscheiden und dann Gleichgesinnte suchen. Bisher haben wir nur von Massenveranstaltungen gesprochen. Mich persönlich fasziniert eine ganz andere Form von religiösem Tourismus: Zunehmend mehr Menschen pilgern über den 800 Kilometer langen Jakobsweg zum Grab des heiligen Jakobus in der spanischen Stadt Santiago de Compostela. Beim Gehen halten sie innere Einkehr, besinnen sich auf Gott und sich selbst. Ohne Pomp und Spektakel! Keine Übernachtung in tollen Hotels! Aber Begegnungen mit Menschen, die ähnlich gestrickt sind.

Pater Köster: Du solltest hier auch Taizé nicht übersehen. Solche Beispiele würde ich nicht »religiösen Tourismus« nennen. Diese Pilger sind ja nicht zwangsläufig Christen – oft sind es Menschen sehr verschiedener Weltanschauungen, auch Manager und Atheisten, die Ruhe suchen, Abstand von der Hektik unserer heutigen Zeit. Im Grunde ist das ein Trend, der viel mit christlicher und buddhistischer Mystik zu tun hat.

Schwester Lea: Einer, der anscheinend viele bewegt! Das Buch *Ich bin dann mal weg – Meine Reise auf dem Jakobsweg* von Hape Kerkeling steht auf Platz eins der Spiegel-Bestsellerliste. Nach einem Hörsturz und einer Gallenoperation ist der beliebte Komiker und Moderator sechs Wochen lang zu Fuß über den Jakobsweg gegangen. »Wer nach Santiago pilgert«, schreibt Kerkeling, »dem vergibt die Kirche alle Sünden. Das ist für mich nun weniger Ansporn als die Verheißung, durch die Pilgerschaft zu Gott und damit auch zu mir zu finden.« Das ist doch religiös! Und überhaupt: Die Kathedrale in Santiago ist immer brechend voll – sie ist das Ziel der Pilger. Gemeinsam feiern sie dort einen Abschlussgottesdienst, viele küssen die Füße einer Jakobus-Statue. Die zunehmende Zahl von Pilgern auf dem Jakobsweg offenbart ein neue Sehnsucht nach Spiritualität.

Pater Köster: Ja, diese Sehnsucht wächst zweifellos! Was absolut verständlich ist angesichts der Leere, die der sogenannte Werteverlust infolge eines entfesselten Materialismus hinterlassen hat. Allerdings muss man fragen: Was bedeutet Spiritualität? Dieses Wort ist meiner Ansicht nach zu einem Modewort verkommen: Alle möglichen religiösen Gefühlsduseleien werden so bezeichnet. Oder man spricht einfach von »Frömmigkeit«. Aber das trifft es auch nicht. Das lateinische Wort »spiritus« heißt – unter anderem – »Geist«. Damit ist nicht ein Gespenst gemeint wie beim Spiritismus, sondern der Geist im Kopf, die Fähigkeit zu denken. »Spiritus« heißt aber auch »Seele«. In der Spiritualität wirken Geist und Seele zusammen, um etwas Höheres zu erkennen, um den Ort eines Menschen im Leben zu begreifen, um persönliche Antworten zu finden auf Fragen der Zeit. Christliche Spiritualität ist, wie ich mal in einem Text für meine Homepage geschrieben habe, nicht einfach nur »innerlich-fromm«. Sie bedeutet wachsendes »Zu-sich-selbst-Kommen« – im Leben und im Glauben. Sie muss der »Personwerdung« des Menschen dienen: seiner Gewissensbildung, seiner Originalität, seinem Charisma. Was nicht mit Ich-Findung und Selbstverwirklichung verwechselt werden darf. Christliche Spiritualität kann nur in der Gemeinschaft mit anderen gelingen. Ob der Einzelne es wahrhaben will oder nicht – er wird immer nur in Bezügen und Beziehungen sein eigenes »Ego« finden und verwirklichen.

Schwester Lea: Ehrlich gesagt, Fritz, für mich klingt das ziemlich abstrakt.

Pater Köster: Das Motto einer zeitgemäßen christlichen Spiritualität könnte ein alter asiatischer Satz sein: »Wer in Gott versunken ist, hört das weinende Kind und sieht die Fliege an der Wand. Wer das weinende Kind nicht hört und die Fliege nicht sieht, ist nicht in Gott versunken, sondern nur in sich selbst.« Christliche Spiritualität muss den Horizont erweitern, indem sie Gott »alles in allem« sucht.

Schwester Lea: Und was ist Frömmigkeit?

Pater Köster: Eigentlich das Beten! Wenn ich mich in eine Kirche setze, das Kerzenlicht betrachte und dabei über Gott und die Welt nachdenke, meine eigene Rolle in diesem großen Lebenszusammenhang zu bestimmen versuche, dann ist das Spiritualität. Wenn ich mich vor die Kerzen knie und das Vaterunser bete oder den Rosenkranz, ist es Frömmigkeit.

Schwester Lea: Es gibt doch vielfältige Formen des Betens. Eine Bekannte hat mir erzählt, dass sie oft nur »Vater unser« sagt, ohne den restlichen Text, immer wieder »Vater unser, Vater unser«. Wie ein asiatisches Mantra begleitet es sie durch Meditationen über Gott. Auch ich leiere nur selten vorformulierte Gebete herunter. Für mich bedeutet Beten Kontakt zu Gott aufnehmen, zu versuchen, ihm nahe zu sein. Auf Wallfahrten und Spaziergängen, beim Einkaufen und Autofahren bete ich. Alle Probleme, die ich bewältigen muss, alle Anliegen, die ich habe, trage ich Gott vor. Ich bitte ihn, mir oder anderen zu helfen. Ich bedanke mich bei ihm, wenn er geholfen hat. Ich teile ihm mit, wie sehr ich mich an der von ihm geschaffenen Natur erfreue, durch die ich gerade wandere. Liebende unterhalten sich meist beim Wandern, aber oft gehen sie auch schweigend nebeneinander her. Zwischen zwitschernden Vögeln, unter rauschenden Blättern schaffen sie sich einen stillen Raum für ihre Liebe – Innerlichkeit draußen, in der freien Natur. Oder sie sagen sich gegenseitig ihre Namen und spüren dem Klang nach. So mache ich es mit Gott. Für mich ist Beten ein Zwiegespräch mit ihm: mal still, mal laut, mal mit Worten, mal ohne. Zu Gott zu beten ist Liebe. Wenn ich zweifle, was ja auch vorkommt, bete ich zu Johannes vom Kreuz, dem verzweifelten Zweifler, der fast wahnsinnig geworden wäre, weil er so gerne glauben wollte und es nicht konnte. Oft bete ich auch zu Teresa von Avila, die ich sehr verehre. Dieser Mystikerin mangelte es angeblich an Demut, weil sie zu einer Zeit, als nur Männer das Wort Gottes interpretieren und verbreiten durften, für sich in Anspruch nahm, dass Gott zu ihr ganz persönlich spricht – durch

Visionen. Sie hatte diese falsche Demut nicht, diese unfreiwillige Bescheidenheit, zu der Mädchen früher erzogen wurden. Teresa von Avila war eine selbstbewusste Frau mit einem freien Geist. Ich war begeistert, als ich folgende Geschichte über sie las: Ein Maler hatte sie viel hässlicher dargestellt, als sie in Wirklichkeit war. Sie ging zu ihm und erklärte ihm: »Ich bitte Gott um Verzeihung für dich, weil du ihn beleidigt hast.« – »Das täte ich nie!« – »Aber du hast es getan.« – »Inwiefern?« – »Gott hat mich schön geschaffen und du hast mich hässlich gemalt.«

Pater Köster: Jetzt kommst du mal wieder vom Hölzchen aufs Stöckchen, Lea!

Schwester Lea: Bewusst! Um dir klar zu machen, dass Spiritualität und Frömmigkeit schwer zu unterscheiden sind.

Pater Köster: Okay, okay, du hast ja recht, sauber voneinander trennen kann man sie nicht. Trotzdem – auch du verwechselst wie die meisten Spiritualität mit Innerlichkeit: nur die Versunkenheit in Gott, bei der man das Kind und die Fliege nicht sieht.

Schwester Lea: Das stimmt doch gar nicht! Ich habe gesagt, dass ich Gott beim Beten um Hilfe bitte, für andere und mich selbst. Dass ich die Natur wahrnehme und ihn darin wiedererkenne. Dass ich mich manchmal an Heiligen orientiere, wenn ich ein spezielles Anliegen habe, für das sie symbolhaft stehen. Das hast du doch selbst auf deiner Homepage in dem Text über die Suche nach christlicher Spiritualität geschrieben. Da heißt es: »Christliche Spiritualität muss real etwas bewirken. Sie ist gemeinschaftserhaltend und gemeinschaftsstiftend, weltlich interessiert und sozial engagiert. Dabei bezieht sie sich verbindlich auf das Leben Jesu und schöpft aus der Verbildlichkeit anderer Menschen« – Eltern, Erzieher, Seelsorger, wer auch immer. Und dann folgt in der Reihung als Höhepunkt: »maßgebliche Lebensgestalter in der Nachfolge Christi.« Damit hast du doch Heilige gemeint.

Pater Köster: Auch, aber nicht nur.

Schwester Lea: Teresa von Avila, Franz von Assisi – die spielen doch auch in deiner persönlichen Spiritualität eine große Rolle.

Pater Köster: Selbstverständlich!

Schwester Lea: Womit wir wieder bei der Frage angekommen sind: Was wäre die Alternative zum religiösen Tourismus? Wie könnte man die schnelllebige Begeisterung für ein oberflächliches Event-Christentum und die neue Sehnsucht nach Spiritualität, die sogar Komiker wie Hape Kerkeling über den Jakobsweg pilgern lässt, für die Zukunft eines ernst gemeinten Christentums nutzen? Würden uns da vielleicht Heilige weiterhelfen?

Pater Köster: Der heilige Franziskus bestimmt. Doch was er wollte, galt schon im Mittelalter als Utopie.

Schwester Lea: Lass uns doch mal träumen!

Pater Köster: Der aus reichem Hause stammende Franz von Assisi versuchte, wie Jesus zu leben: als Protest gegen die Macht und den Reichtum der Kirche. Er pflegte Aussätzige und war bettelarm. Sich und seine Gefährten nannte er »mindere Brüder«. Er unterschied nicht zwischen Wort und Tat. Der Jesus-Satz »Was du dem geringsten meiner Brüder getan hast, das hast du mir getan« war für ihn Gesetz, die Maxime seines Handelns. Es muss ja nicht gleich eine Utopie sein, Glaubwürdigkeit würde reichen. Der Klerus müsste nicht bettelarm als Hungerleider leben, aber doch schlichter und einfacher. Vor allem müsste er heraus aus dem Elfenbeinturm seiner hohen theologischen Ansprüche und moralischen Appelle. Er müsste wieder die Sprache des einfachen Kirchenvolkes sprechen. Dann würden die Massen, die jetzt in Rom das höfische Gepränge bewundern, vielleicht erkennen, dass im Evangelium ganz andere Werte stecken. Wie schon gesagt: Mit »maßgeblichen Lebensgestaltern in der Nachfolge Christi« habe ich nicht nur Heilige gemeint, als ich den Text über die Suche nach christlicher Spiritualität für meine Homepage schrieb – ich meinte auch Leute wie deinen Freund Franz Schlüter*. Der ist ein überzeugter Christ und spendet alles, was er an Geld übrig hat, für Solwodi – trotzdem ist er aus der Kirche ausgetreten, in seinem Fall aus der evangelischen. Franz Schlüter sagt: »Ich will nicht mehr in der Kirche sein, weil sie nicht konsequent genug tut, was sie predigt.«

Schwester Lea: Jetzt steckst du schon wieder in den Niederungen der Realität fest – wir wollten doch träumen! Weißt du noch, »In den Schuhen des Fischers« mit Anthony Quinn und Oskar Werner? In diesem Film verschenkt ein russischer Papst den ganzen Reichtum der katholischen Kirche an die Armen dieser Welt.

Pater Köster: Das ist Fiktion.

Schwester Lea: Aber der protestantische Pastor Martin Luther King hat wirklich gelebt. Im August 1963 hielt er auf der Mall in Washington seine legendäre Rede »Ich habe einen Traum«. Hunderttausende träumten mit. Sie feierten nicht

---

* Name geändert

Pomp und Pracht wie die Massen auf dem Petersplatz; die Menschen auf der Mall – überwiegend Schwarze, aber auch Weiße – forderten Freiheit und Gleichheit für die Nachkommen der Sklaven. Martin Luther King ist ermordet worden, aber seine Botschaft lebt weiter. Ich habe auch einen Traum. Ich träume davon, dass der religiöse Tourismus demnächst in eine christliche Zukunft reist, die sich wieder auf Jesus besinnt.

Pater Köster: Du bist eine unverbesserliche Idealistin. (*lacht*) Da muss ich sofort an den Satz denken: »Idealismus ist die Fähigkeit, die Menschen so zu sehen, wie sie sein könnten, wenn sie nicht so wären, wie sie sind.« Aber man muss sie zunächst einmal so nehmen, wie sie sind, um ihnen Motive und Impulse geben zu können.

Leben ist Einsamkeit

Könnte es sein,
dass in mir Kräfte liegen,
die noch nicht geweckt sind?
Könnte es sein,
dass in mir Fantasien schlummern,
die noch nicht wirken?
Könnte es sein,
dass in mir Möglichkeiten schlafen,
die mich weiterbringen?
Könnte es sein,
dass in meiner Tiefe alles ist,
was meinem Leben Sinn gibt?
Fehlen mir Mut und Kraft,
nach innen zu sehen,
freizulegen, was mir geschenkt ist?
Ich will ruhig werden,
meine Möglichkeiten entdecken,
um den Stürmen zu trotzen.

Verfasser unbekannt

Schwester Lea: Du, Fritz, ich habe mir vorgenommen, einmal im Monat nach Bornhofen zu wallfahren, um für deine Gesundheit zu beten. Ich setze dann immer mit dem Schiff über und gehe zu Fuß zum Wallfahrtsort. Gestern war ich wieder da, und beim Gehen habe ich gedacht: Ich bete für den Fritz, mit dem ich seit 30 Jahren befreundet bin, aber inwieweit kennen wir uns eigentlich? Weißt du noch? In dem gruppendynamischen Seminar in München hast du alle in der Gruppe analysiert, dich in die anderen eingefühlt, sehr ernst genommen, was sie sagten – aber über dich gesprochen hast du nie. Darum haben wir dich mit einem Turm verglichen. Drumherum ein wunderschöner Park. Du lädst Leute ein in deinen Park, aber in deinen Turm lässt du keinen.

Pater Köster: Ja, ich erinnere mich, das wurde damals tatsächlich so über mich gesagt. Aber ich bin nicht der Einzige mit einem Turm, auch du hast einen, doch du bewohnst ihn nicht. Du hast nur kurz hineingeschaut, als du auf deiner Wallfahrt ein paar Stunden ganz allein gewesen bist. Da waren keine Solwodi-Probleme und keine Solwodi-Leute, und da hast du festgestellt, du bist einsam. Das ist eine Grundbefindlichkeit, die – glaube ich – jeder hat. Wer nicht mal mehr allein spazieren gehen kann und dauernd hektisch beschäftigt ist, wird nur nicht damit konfrontiert. Hermann Hesse sagt das sehr schön: »Einsam im Nebel zu wandern, Leben ist Einsamkeit, niemand kennt den andern, jeder ist allein.« Bei den großen Schriftstellern, Musikern und Künstlern hat die Einsamkeit immer eine große Rolle gespielt. Ich denke zum Beispiel an Hemingway, einen Hauptautor aus meiner Jugend, der sich das Leben genommen hat. Nietzsche war schwer depressiv. Die sind mit der Einsamkeit nicht fertig geworden. Auf der einen Seite braucht man sie für das kreative Schaffen, auf der anderen Seite ist sie oft schwer auszuhalten. Mir gefällt an meinem Turm, dass ich aus dem Fenster gucken und die ganze Welt sehen kann. Man beobachtet viel, ohne selbst beobachtet zu werden.

Schwester Lea: Wenn ich mir vorstelle, ich würde in so einem Turm wohnen und würde etwas sehen, das mir nicht passt ...

Pater Köster: ... du würdest sofort runterspringen.

Schwester Lea: Genau! Ich muss immer mitten im Geschehen sein. Das hat seine negativen Seiten, aber manches Mal auch positive. Wie auch immer, ich könnte gar nicht anders. Und dir gefällt es, Distanz zu wahren ...

Pater Köster: ... und mir die Freiheit zu nehmen, runterzugehen in den Park, wenn ich es will. Wann ich das mache, bestimme ich und nicht eine plötzliche Reaktion. (*lacht*) Wenn ich dich in meinen Turm ließe, würdest du sofort einen »Turm der offenen Tür« daraus machen. Dann müsste ich ausziehen.

Schwester Lea: Ich würde erst gar nicht mit einziehen. Für mich wäre das ein Albtraum, wirklich, ich hätte nur Fluchtgedanken.

Pater Köster: Ich hab' ja zum Zehnjährigen von Solwodi draußen im Garten gesagt, Solwodi zeichnet sich dadurch aus, dass spontan gehandelt wird. Du bist immer gleich am Ball, wenn es irgendwo brennt, und überlegst nicht lange: Wo ist jetzt das Wasser, woher kriege ich einen Schlauch? Du fängst sofort an zu löschen.

Schwester Lea: Man könnte auch sagen, ich reagiere schnell. Nicht löschen, wenn kein Wasser da ist! Aber organisieren, dass Wasser kommt. Hilfe rufen, andere einbeziehen. Sofort! Ich verliere nicht den Kopf, aber ich berufe auch nicht erst eine Kommission ein, um Aufgaben zu verteilen.

Pater Köster: Aber du willst immer gleich mehrere Großbrände löschen. Als dir neulich die Idee mit der SOS-Hotline für Zwangsprostituierte bei der Fußballweltmeisterschaft kam, habe ich dich gewarnt: »Du hast doch schon genug am Hals von morgens bis abends. Du rotierst ja nur noch, schon seit Jahren. Und jetzt fängst du auch noch damit an.« Du meinst, die Welt retten zu müssen. Die Welt kannst du nicht retten. Du kannst höchstens da, wo du sowieso schon mit deinen Leuten engagierst bist, weitermachen, hoffentlich mit Erfolg. Den hast du ja auch. Aber du willst immer noch mehr.

Schwester Lea: Du hast ja recht. In der Bibel steht es auch so: Wenn einer ein Haus bauen will, dann muss er erst mal überlegen, wo setzt er es hin; geht er es zu hektisch an, baut er womöglich auf Sand und das Gebäude stürzt ein. Doch ich meine, man müsste beides versuchen: abschätzen, was man leisten kann, aber auch ein Risiko wagen. Ein Abenteuer. Eine neue Erfahrung. Die kann man ja nicht machen, wenn man nur auf ausgetretenen Pfaden geht. Man muss auch neue Wege beschreiten.

Pater Köster: Irgendwie kriegst du das ja auch immer hin. Und wenn du die ganze Welt dafür verrückt machst und mobilisierst. Bei deiner SOS-Hotline sogar Staatssekretäre und Telekom-Manager. Denen gehst du so auf die Nerven, dass die gar nicht mehr anders können, als dir zu helfen. Doch bei all der Hektik und dem Stress, den du hast, solltest du dich wenigstens ab und zu in deinen Turm zurückziehen, für ein oder zwei Tage in ein ruhiges Hotel beispielsweise, wo du für dich bleibst. Das habe ich dir schon hundertmal vorgeschlagen, aber du tust es nicht.

Schwester Lea: Weil ich mir wünsche, nicht allein zu sein, wenn ich mir schon so eine Auszeit gönne. Dann wäre ich lieber mit dir zusammen, um endlich mal all die Dinge zu besprechen, die in unserem Alltag passieren und unangesprochen bleiben, oder über nicht alltägliche Themen zu reflektieren. Wir reden viel zu wenig miteinander. Aber ich denke, das ist ein allgemeines Problem. Das hat meine Mutter sogar in ihrer eigentlich glücklichen Ehe so empfunden. Offenkundig hat sie sich mehr an Kommunikation gewünscht. Eigentlich war mein Vater sehr charmant, aber wohl nur draußen beredt. Er war Bauunternehmer. Weil er beruflich mit so vielen Menschen zusammen sein musste – Kunden, Arbeiter, Handwerker, Architekten – war er zu Hause eher wortkarg. Darunter hat meine Mutter sehr gelitten. Ich kenne viele Frauen, die darunter leiden, dass sie diesen Austausch über alles – über ihre Gefühle, über ihre Erlebnisse, über ihre Gedanken – mit ihren Partnern nicht haben. Eine Bekannte von mir war mit einem Arzt verheiratet, der schon vor der Ehe nicht viel sprach, nach der Heirat ist er noch einsilbiger geworden. Nach zwanzig, fünfundzwanzig Ehejahren hat sie sich von ihm getrennt, wegen der Sprachlosigkeit zwischen ihnen. Ich habe das Gefühl, dass Frauen die Einsamkeit stärker wahrnehmen als Männer. Oder es liegt daran, dass Männer es sich oftmals verbieten, über Gefühle zu sprechen.

Pater Köster: Das ist bei Männern vielleicht schwieriger, aber Männer sind dadurch auch schöpferischer. (*lacht*)

Schwester Lea: (*droht ihm scherzhaft mit dem erhobenen Zeigefinger*) Du Chauvi, jetzt sitzt du wieder in deinem Turm, ganz oben! Worüber ich mich immer wieder wundere: Wir haben ja Frauen, die zu Solwodi kommen, die leben in Gewaltbeziehungen, die werden überhaupt nicht respektiert von den Männern und gehen trotzdem immer wieder zurück, weil sie...

Pater Köster: ... Angst vor der Einsamkeit haben. Allein zu sein, ist für diese Frauen schlimmer als Prügel und Schläge. Das gibt es ja oft. Mir haben schon viele Paare erzählt, dass sie sich eigentlich scheiden lassen wollten, es aber doch nicht taten aus Furcht vorm Alleinsein. Einerlei ob Mann oder Frau, kaum jemand bringt es in der hektischen Gesellschaft von heute fertig, einfach mal ein oder zwei Tage für sich zu sein. Alleine spazieren zu gehen, durch den Wald zu wandern, die Füße ins Wasser zu hängen, keinen zu sehen und keinen zu hören.

Schwester Lea: Ich finde, dass ich viel allein bin. Wir frühstücken morgens zusammen; von acht bis zwölf bin ich im Büro; von zwölf bis eins koche ich, dann bin ich allein mit meinen Gedanken und ...

Pater Köster: ... du hörst doch beim Kochen immer die Mittagskommentare im Radio! Das ist kein ...

Schwester Lea: ... gegen zwei Uhr nach dem Mittagessen gehe ich wieder ins Büro, bis fünf oder sechs; dann kaufe ich oft schnell noch was ein; danach mache ich das Abendbrot; um acht gucken wir die Tagesschau; anschließend gehe ich meist noch einmal ins Büro. Dort ist dann niemand mehr – da bin ich wirklich allein.

Pater Köster: Allein sein ist nicht dasselbe wie einsam sein. Wenn ich Radio höre, bin ich nicht einsam, dann informiere ich mich über Gott und die Welt. Wenn ich ein Buch lese, bin ich auch nicht einsam, denn ich beschäftige mich ja mit den Figuren, die in dem Roman vorkommen. Wenn du nach Bornhofen pilgerst, das ist Einsamkeit. Aber nur für drei, vier Stunden. Die Menschen, die auf dem Jakobsweg manchmal Wochen oder Monate lang nach Santiago de Compostela pilgern, berichten hinterher von einer Erfahrung absoluter Stille. Ein Nichts. Außen wie innen. Vorher braucht man aber erst mal ein bis zwei Tage, um abzuschalten und dieses Nichts aushalten zu können. Erst nach ein bis zwei Wochen, berichten diese Leute, empfinden sie es als Fülle und inneren Reichtum. Die Zen-Buddhisten und christlichen Mystiker, die reden auch davon. Damit will ich nicht sagen: Wir müssen alle wochenlang nach Santiago de Compostela pilgern oder monatelang schweigen wie Trappisten oder Buddhisten. Ich will nur sagen, dass uns auf einer kurzen Wallfahrt nach Bornhofen solche Erfahrungen nicht begegnen.

Schwester Lea: Ich habe die Exerzitien des heiligen Ignatius gemacht und dreißig Tage geschwiegen. Ich bin oft in meinem Leben auf längeren Wallfahrten gewesen. Als ich noch in München lebte, bin ich bis Mühldorf gefahren und von Mühldorf nach Altötting gewandert, knapp zwanzig Kilometer, um neue oder intensivere Gedanken zu haben. Das ist eine selbst gewählte Einsamkeit, die ich für gut halte. Aber es gibt ja auch die unfreiwillige Einsamkeit, in der man unter der Abwesenheit eines Gegenübers oder unter der Sprachlosigkeit in einer Beziehung leidet. Zugegeben, nach freiwilliger Einsamkeit sehne ich mich nicht so sehr wie du. Du brauchst viel mehr Zeiten absoluter Zurückgezogenheit als ich.

Pater Köster: Ja, das stimmt. Du würdest verrückt, wenn du im Turm leben müsstest, hast du eben gesagt. Ich würde verrückt, wenn ich keinen Turm hätte. Das fing schon an, als ich noch auf dem Gymnasium war, nach dem Krieg in den 1950er-Jahren. Wir waren eine sehr große Familie mit elf

Kindern, die auf engstem Raum lebte. Eingepfercht sozusagen. Und das hat mich damals dazu verführt, immer auf der Flucht vor meinen Geschwistern zu sein. Aber wohin fliehen? Das war die Frage. Meine Schulkameraden haben mir immer am Montag erzählt, dass sie am Wochenende mit ihren Freundinnen getanzt und Feste gefeiert haben, wie das eigentlich ja auch üblich ist. Wehe, wenn ich das gemacht hätte! Meine Eltern hätten mich windelweich geprügelt. Eigentlich waren sie recht aufgeschlossen, doch in diesem Punkt waren sie rigoros. Sie wollten auf keinen Fall, dass ich mich am Wochenende mit Mädchen traf, obwohl das ganz harmlos gewesen wäre. Dann kam auch noch dazu, dass wir etwas außerhalb wohnten. Meine Schulkameraden wohnten in der Stadt, da konnten sie sich sehr schnell treffen. Aber von uns aus war es eine Weltreise, bis man dahin kam, wo die anderen waren. Zu Hause mochte ich, wie schon gesagt, auch nicht sein. Darum wanderte ich an den Wochenenden durchs Sauerland. Manchmal bin ich tagelang allein im Wald herumgelaufen. Zwei, drei Jahre lang ging das so. Das war auch Einsamkeit. Die hat aber dazu geführt, dass ich auf ganz bestimmte Gedanken kam über Gott und die Welt. »Oh, die musst du aber festhalten, die schreibst du dir mal auf«, hab' ich gedacht, »vielleicht kannst du sie irgendwann einmal für den Deutschunterricht gebrauchen.« Und das war dann oft auch so. Wenn Deutschaufsätze geschrieben wurden, war immer ein Thema dabei, für das ich das nutzen konnte, was ich im Kopf hatte. Und das führte dazu, dass ich bis zum Abitur der beste Schüler meiner Klasse in Deutsch gewesen bin. Nach dem Abitur hat der Deutschlehrer zur mir gesagt, er habe noch nie einen so guten Deutschschüler gehabt. Hätte ich mit den Mädchen herumgetanzt, wären mir diese Gedanken überhaupt nicht gekommen, und zu Hause in der Enge auch nicht. Meine einsamen Wanderungen waren für mich eine Art Lebensrettung.

Schwester Lea: Früher stand dein Turm im Sauerland und jetzt steht er ...

Pater Köster: ... überall, wo ich ihn brauche. Ich kenne Kollegen, wenn die einen Vortrag halten müssen, setzen die sich hin und büffeln ein Buch nach dem anderen durch. Und nachher beten sie so viel aus diesen Büchern nach, dass ihnen keiner mehr zuhört, weil nur Originalität fesselt und nicht Aufgewärmtes. Wenn ich einen Vortrag halten soll, frage ich die Veranstalter am Telefon, was die sich unter diesem Thema vorstellen. Anschließend setze ich mich aufs Fahrrad. Komme ich eine Stunde später nach Hause, steht der Vortrag im Wesentlichen. Wenn ich so was zu machen habe, will ich keinen um mich haben. Dann kann mein Fahrrad der Turm sein, mein Arbeitszimmer oder die Bank oben an der Kirche. Hauptsache allein.

Schwester Lea: Da bist du ganz wie Thomas Mann. Der schloss sich in sein Arbeitszimmer ein, um schöpferisch tätig zu sein, während sich seine Frau Katja draußen mit der Kinderaufzucht und der Nahrungsbeschaffung abmühte. Das Arbeitszimmer galt in der Familie Mann als eine Art Heiligtum. Denn so ein Turm ist ja nicht nur Rückzugsort und Aussichtspunkt, er ist auch ein Machtsymbol.

Pater Köster: Das ist keine Machtfrage, sondern eine Konzentrationsfrage. Thomas Mann brauchte Ruhe, um schreiben zu können. (*lacht*) Willst du mich durch die Manns darauf hinweisen, dass ich zu viel in meinem Turm sitze und mich zu wenig in den Niederungen der Hausarbeit bewege? Ich räume nach dem Essen die Küche auf, ich koche für alle, wenn du nicht da bist, und...

Schwester Lea: ... bleibst oft in deiner Turmwelt, auch wenn du mit uns hier am Küchentisch sitzt.

Pater Köster: Das verstehe ich nicht. Wie meinst du das?

Schwester Lea: Du beklagst dich ständig, dass ich beim Mittagessen zu viel über Solwodi rede ...

Pater Köster: ... zu Recht! Wir haben vereinbart, dass Solwodi draußen bleibt, wenn wir zusammen essen.

Schwester Lea: Aber wenn ich nicht manchmal Solwodi einbrächte, hätten wir gar kein Gesprächsthema am Küchentisch, weil du oft schweigend dabeisitzt und deinen Turmgedanken nachhängst.

Pater Köster: Gar nicht wahr! Ich versuche oft, was sagen zu dürfen, (*lacht*) aber ihr – die Trixi und du – lasst mich ja nicht. Wenn Frauen schnattern, haben wir Männer keine Chance, uns Gehör zu verschaffen.

Schwester Lea: Das stimmt überhaupt nicht! Wenn du was sagst, dann sind wir alle ganz Ohr.

Pater Köster: Es stand doch neulich sogar in der Zeitung, dass Frauen dreißigtausend Wörter täglich sprechen und Männer nur dreitausend. Unsere wenigen Wörter sind oft viel effektiver als eure vielen. Wenn wir hier mit dem Jojo diskutieren, dann sage ich manchmal in einem ganz kurzen Satz: »Du hör mal, so will ich das auf keinen Fall haben!« Und du fängst dann an, das Ganze zu kommentieren, was den Jojo zum Gähnen bringt. Wenn ich einen Satz gebrauche, brauchst du zehn Sätze und kommst damit nicht wesentlich weiter. (*lacht*)

Schwester Lea: (*auch lachend*) Es scheint zu stimmen – Männer und Frauen passen einfach nicht zusammen.

Pater Köster: Du hast anfangs gesagt, dass du dich fragst, ob wir uns nach 30 Jahren Freundschaft eigentlich wirklich kennen. Neulich hat einer, der 30 Jahre verheiratet ist, zu mir gesagt: »Anfangs kannte ich meine Frau noch, jetzt kenne ich sie nicht mehr.« Das ist nicht nur eine Geschlechterfrage, das ist eine Frage, die alle Menschen betrifft. Als ich noch Student war, hörte ich Pädagogik-Vorlesungen bei Professor Kampmann, der sagte immer: »Person zu sein, heißt einsam sein.« Damit wollte er zum Ausdruck bringen: Jeder Mensch ist unverwechselbar und nie identisch mit einem anderen; darum muss er es ertragen, sich allein auszuhalten.

Schwester Lea: Doch wie geht man damit um? Auch wenn diese fundamentale Einsamkeit zum Wesen des Menschen gehört, können wir uns doch gegenseitig dabei helfen, dass sie uns nicht lähmt oder kaputt macht. Wir kommen allein auf die Welt, wir gehen allein wieder zurück. Aber für die Spanne, die dazwischen liegt, wünscht sich offensichtlich jeder und jede von uns einen Menschen an der Seite, bei dem man ein Stück Seelenverwandtschaft findet. Um sich gegenseitig zu stärken und zu trösten, um sich zusammen zu freuen, um sich miteinander auszutauschen durch eine gemeinsame Gesprächskultur. Vielleicht hat der Mann, von dem du gerade erzählt hast, anfangs, als er in seine Frau noch verliebt war, sie so interessant gefunden, dass es ihm wie eine Entdeckungsreise vorkam, sie kennenzulernen. Jetzt kennt er sie nicht mehr, weil er kein Interesse mehr an ihr hat. Womöglich hätte er es behalten, wenn er mehr mit ihr geredet hätte. Aber das ist ein langer Prozess. Marie von Ebner-Eschenbach sagt: »Was Menschen und Dinge wert sind, kann man erst beurteilen, wenn sie alt geworden sind.«

Pater Köster: Damit hat sie recht, zweifellos. Menschen verändern sich im Laufe der Jahre. Vielleicht haben sich die beiden in ihrer dreißigjährigen Ehe einfach in zu unterschiedliche Richtungen entwickelt. Manche brauchen mehr Zeit für sich selbst als andere. Nietzsche hat das einmal sehr poetisch ausgedrückt: »Wer viel einst zu verkünden hat, schweigt viel in sich hinein. Wer einst den Blitz zu zünden hat, muss lange Wolke sein.« Kulturen und Religionen ohne solche »Blitze« und »Wolken« sind sehr schnell langweilig und tot.

Schwester Lea: Genauso kann es Menschen in Beziehungen ergehen, wenn sie keine unterschiedlichen Entwicklungen zulassen und keine gemeinsame Gesprächskultur pflegen.

Pater Köster: Ich mache auch eine gegenteilige Erfahrung: Je mehr ich mit bestimmten Leuten rede, umso fremder werden sie mir. Es ist doch nicht so, dass man sich durch viele Gespräche automatisch näher kommt. Das Bedürfnis nach Nähe kann auch übertrieben sein, fast krankhaft übertrieben. Erinnerst du dich? Eine Freundin von dir hat sich neulich beklagt: Bei manchen Frauen sei die Liebessehnsucht so stark, dass sie nur durch eine Verschmelzung zu stillen wäre. Eins werden mit einem anderen, das ist eine unerfüllbare Hoffnung. Meiner Ansicht nach hat auch die Kirche in dieser Richtung viel falsch gemacht. Die Kirche redet immer von der idealen Ehe. Man lebt als unzertrennliche Einheit, immer in Frieden, stets in Liebe zugeneigt, voller Verständnis für einander, bis der Tod uns scheidet. Durch diese himmelhoch jauchzenden Töne züchtet die Kirche eine Illusion, die völlig unrealistisch ist. Anstatt jungen Leuten, die heiraten wollen, nüchtern zu sagen: »Wenn die Flitterwochen vorbei sind, sprechen wir uns wieder. Dann werdet ihr erkennen, wie schwer es ist zu akzeptieren, dass der andere doch ganz anders denkt, reagiert und handelt, als ihr es euch eingebildet habt, weil ihr blind vor Verliebtheit nichts sehen konntet oder wolltet.« Diese Geschichten werden nicht bedacht und dann kommt der große Krach und die tiefe Enttäuschung. Über viele Beziehungen könnte man heute den Satz schreiben: »Der Abstand zum Mond ist der Abstand zum Bildschirm. Der Abstand zum Nächsten ist der Abstand zum Mond.«

Schwester Lea: Ja, schon. Trotzdem sehnen sich viele nach fragloser Liebe, nach jemandem, der einen bedingungslos auffängt. Nachts im Traum denke ich oft: »Ach, das muss ich der Mutter sagen.« Oder: »Die Mutter wird das schon abfedern.« Obwohl meine Mutter schon so viele Jahre tot ist und auch nicht, als ich klein war, all meine Probleme lösen konnte. Trotzdem steckt tief in mir das Bild: Du kannst ruhig rausgehen und was riskieren, denn daheim wartet jemand auf dich, der dich hält und dich stützt. Das Bild von einem Raum, in dem ich geschützt und behütet werde, in dem ich mich absolut wohl fühlen kann, ist auch ein religiöses Bild. Eine Annäherung an Gott. Wir können ihn uns nicht vorstellen, aber wir sehnen uns nach ihm, weil wir ein Teil von ihm sind. So interpretiere ich die Bibel. Es gibt doch kaum einen Menschen, der keine Sehnsucht nach etwas Göttlichem hat, das größer ist als er. Daher kommt auch der Wunsch nach Verschmelzung, denke ich mir. Wenn wir Menschen uns das wünschen, wollen wir unbewusst wieder mit dem Ursprung vereinigt sein.

Pater Köster: Die christliche Mystik, Meister Eckhart zum Beispiel, spricht auch von der Verschmelzung mit Gott. Im Grunde wurden Ordensleute wie du und ich immer dazu erzogen. Darum leben wir zölibatär, deswegen haben wir keine leiblichen Kinder.

Schwester Lea: Ich werde ja oft gefragt, warum ich ins Kloster gegangen bin. Ich glaube, dass ich von Anfang an gegenüber den Jungen im Dorf misstrauisch war. Ist der vertrauenswürdig und verlässlich? So sehr, dass ich ein ganzes Leben mit diesem Menschen verbringen möchte? Mein Entschluss, ins Kloster zu gehen, war auch ...

Pater Köster: ... du hast was Höheres gesucht.

Schwester Lea: Ja! Etwas, auf das ich mich absolut verlassen kann.

Pater Köster: Diese Tendenz, in Gott sein Heil zu suchen und sich nicht auf Menschen zu verlassen, findet sich ja sogar in Psalmen. Was natürlich alles richtig verstanden werden kann, aber auch missverstanden wird. Denn zunächst gilt das Leben vor dem Tod, nicht nach dem Tod. Das wissen die Psalmen auch. Sie sprechen von Nöten und Alltagssorgen. »Die Not lehrt beten«, sagt das Sprichwort. Dostojewski kommentiert es so: »Die Not lehrt auch denken, und wer immer satt ist, der betet nicht viel und denkt nicht viel.«

Schwester Lea: Weißt du noch? Vor fünfundzwanzig Jahren haben wir ein buddhistisches Kloster in Thailand besucht. Dort sind wir einer Buddhistin aus Paris begegnet, die früher Kommunistin war. Als ich mich darüber ereiferte, dass die Wäsche der Männer aus dem Kloster zum Trocknen auf die obere Leine gehängt werden musste und die der Frauen auf die untere, sagte sie zu mir: »Regen Sie sich nicht auf, Schwester Lea! Das ist doch völlig wurscht. Ob Mann oder Frau, im Ozean des Nirwanas, in das wir alle eingehen werden, sind wir ohnehin eine Einheit.« Das war auch eine Sehnsucht nach Verschmelzung, wenn auch von Lehren dirigiert und gelenkt, die mir nicht gefielen. Aber grundsätzlich ist diese Sehnsucht bei den meisten Menschen da. Sie ist – ja, ich würde sagen – etwas Göttliches. Weil sie hier auf der

Erde nicht gestillt werden kann, ist sie auch immer ein Stück Leid.

Pater Köster: Augustinus, der hat auch die Sehnsucht nach Verschmelzung gehabt und immer nach Leuten Ausschau gehalten, die seine Einsamkeit erträglicher machen. Auch sexuell. Da 'ne Freundin, hier 'ne Freundin, links eine, rechts eine. Und dann hat er irgendwann den schönen Satz gesagt: »Unruhig ist unser Herz, bis es ruht in dir.« Das heißt im Grunde, dass die Verschmelzung, die der Mensch sucht, bei Menschen nicht zu finden ist, sondern nur bei Gott. Nur ist dieser Gott im christlichen Sinne kein Nirwana, kein Ozean. Und der Mensch kein Tropfen, der darin verschwindet.

Schwester Lea: Du hast eben Dostojewski zitiert. Der hat auch geschrieben, dass sich in einer »schönen Liebe die Seelen nähern«. Wir Menschen können eben besser mit unserer Einsamkeit umgehen, wenn wir Seelenverwandte treffen, die unsere Sehnsucht nach Verschmelzung verstehen. Für mich ist das ein Entdecken von Gott im anderen.

Krankheit, Alter, Tod –
die Fähigkeit zu trauern

Eines Morgens wachst du auf
und bist nicht mehr am Leben.
Über Nacht, wie Schnee und Frost,
hat es sich begeben.
Aller Sorgen dieser Welt
Bist du nun enthoben.
Krankheit, Alter, Ruhm und Geld
Sind wie Wind zerstoben.
Friedlich sonnst du dich im Licht
Einer neuen Küste,
Ohne Ehrgeiz, ohne Pflicht.
– Wenn man das nur wüßte!

Mascha Kaléko

Schwester Lea: Du, Fritz, heute Morgen, als ich beim Aufwachen die Vögel zwitschern hörte, habe ich dem lieben Gott dafür gedankt, dass du noch bei uns bist. In den 32 Jahren unserer Freundschaft warst du ja oft sehr krank. Jedes Mal, wenn du in einer wichtigen Arbeit stecktest oder sie dir vorgenommen hattest, traf dich eine schwere Krankheit wie ein Schlag. Auf dem Weg zum Krankenhaus denke ich dann oft: »Das ist so ungerecht, ich bin kerngesund!« Gleichzeitig tröstet mich der Gedanke: »Wenn ich auch krank wäre, könnte ich den Fritz nicht stützen.« Meine Frage ist, vielleicht auch zu meinem Trost, ob diese Zeiten im Krankenhaus nicht auch etwas Befruchtendes haben – für uns beide. Weil du zum Nachdenken, zum Verarbeiten kommst, und wir uns bei meinen Besuchen darüber unterhalten können.

Pater Köster: Als ich letztes Jahr Monate in Krankenhäusern und Reha-Kliniken verbringen musste, fand ich das überhaupt nicht befruchtend: Ich fühlte mich auf Deutsch gesagt beschissen! Ich denke manchmal, das einzig Positive an meinen Krankheiten ist der komische Aspekt: (*lacht*) Die Ärzte haben mich schon viermal für tot erklärt; beim ersten Mal war ich sechs Jahre alt; ich hatte eine als unheilbar geltende Hirnhautentzündung – aber ich lebe immer noch. (*wieder ernst*) Selbstverständlich freue ich mich über deine Besuche; natürlich hilft es mir, dich an meiner Seite zu wissen. Aber dass ich mich im Krankenhaus innerlich reich fühle, kann ich nun wirklich nicht behaupten.

Schwester Lea: Doch wie krank du auch bist, du lässt nie die Flügel hängen, du gibst dich nicht auf! Wir haben ja auch immer gekämpft und so lange gesucht, bis wir den besten Arzt gefunden hatten.

Pater Köster: Nicht wir, du! Damals in München bei dieser seltenen Lebererkrankung, die keiner behandeln konnte, hast du den einzigen deutschen Spezialisten dafür aufgetrieben und ihn so lange genervt, bis er sich bereit erklärte, mich zu untersuchen. Auch danach ist es dir immer wieder gelungen, Kapazitäten für mich anzuheuern.

Schwester Lea: Das habe ich mir nie persönlich zugeschrieben! Für mich war es stets ein kleines Wunder, wenn es dann doch wieder einen Arzt gab, der dir helfen konnte, obwohl du die denkbar schlechteste Prognose hattest. Außerdem: Es haben auch immer viele, viele für dich gebetet – damals in München der ganze Karmel!

Pater Köster: (*lachend*) Vor der lebensgefährlichen Operation letztes Jahr hat unsere gemeinsame Freundin Cornelia, die aus Paderborn stammt und als Kind sehr fromm war, es aber schon lange nicht mehr ist, in einer katholischen Kirche im protestantischen Bielefeld 30 Kerzen für mich angezündet. »Ich wusste nicht, was und wie ich beten sollte«, schrieb sie mir hinterher: »Da habe ich gedacht, vielleicht lässt sich der liebe Gott ja durch Quantität statt Qualität bestechen.«

Schwester Lea: (*auch lachend*) Den lieben Gott hat nicht die Menge beeindruckt, sondern die Mühe. (*wieder ernst*) Wie auch immer: Durch die Solidarität mit einem Schwerkranken kommt eine starke Verbindung zu Gott zustande. In lebensbedrohenden Krisen ist der Himmel offen, hofft sogar die Conni.

Pater Köster: Das Mitgefühl von anderen ist gut und schön. Aber der Kranke selbst – in diesem Fall ich – ist total auf sich bezogen. Es gibt ja drei Phasen nach einer schweren Operation. In der ersten liegt man einfach nur völlig apathisch im Bett. Würde man in dieser Situation für immer und ewig einschlummern, hätte man überhaupt nichts dagegen. In der zweiten Phase beginnt der Heilungsprozess; die Beine sind nach wie vor lahm, aber der Kopf rührt sich wieder – leider. In dieser zweiten Phase habe ich letztes Jahr gedacht: »Was soll das Leben noch? Das wird nichts mehr! Du wirst nur noch kränkeln und siechen.« In der dritten Phase dann beginnt man mit seinem Schicksal zu hadern: »Verdammt noch mal! Warum gerade ich? Warum immer wieder? Warum hört das nie auf?« Wie du schon sagtest: Jedes Mal, wenn ich ein Projekt angefangen hatte, das mir wichtig war, lag ich prompt auf der Schnauze. Erinnerst du dich? 1990 erschien mein Buch *Kirche im Koma*. Es erregte viel Aufsehen und wurde kontrovers diskutiert. Mein Terminkalender war rappelvoll: Interviews, Lesungen, Vorträge, Debatten – ich liebe das. Aber nein, ich wurde wieder krank! Wochenlang, monatelang. Einmal wird es einem verziehen, vielleicht auch noch ein zweites Mal, aber beim dritten Mal schreiben sie dich ab. Verlage und Veranstalter sagen sich dann: »Mit dem kann man nicht mehr rechnen.« Doch wenn ich das Jahr 1990 von heute aus betrachte, kommt mir in den Sinn, dass mein Schicksal, mit dem ich damals so gehadert habe, eine göttliche Fügung gewesen sein könnte. Der Mensch ist eitel, ich nicht ausgenommen. Ich wäre auch gerne ein Küng oder ein Drewermann geworden, stattdessen habe ich mich um vier kleine Kinder gekümmert – ohne meine Erkrankung wäre das gar nicht möglich gewesen.

Schwester Lea: Der liebe Gott brauchte damals keine neuen Küngs und Drewermänner, sondern einfach nur einen, der Fläschchen wärmt und Windeln wechselt.

Pater Köster: Doch im Grunde ist man für die Welt gestorben, wenn man ständig krank ist. Für die meisten Menschen in unserer modernen Gesellschaft sind Krankheit und Tod ein Tabu. Darum grassiert ja momentan dieser Gesundheits- und Jugendwahn. Wenn dich einer »Wie geht's dir?« fragt, will er doch nicht hören: »Schlecht! Ich bin alt und krank und werde bald sterben.« Als Antwort wird erwartet: »Ich fühle mich jung, ich jogge und reise!«

Schwester Lea: Okay, ich bin nie schwer krank gewesen, aber alt bin ich auch. Dass ich am 2. Februar 2007 siebzig werde, ist eine Tatsache, doch ich fühle mich nicht wie siebzig, und mir gefällt es, wenn ich jünger geschätzt werde. Ist das eitel? Bin ich auch dem Jugendwahn verfallen? Wenn ich mir solche Fragen stelle, denke ich immer an Saint-Exupérys Kleinen Prinzen, der sich darüber wundert, dass Erwachsene ein Haus nie einfach nur schön finden können: Die wollen wissen, wie alt, wie breit, wie hoch es ist, um seinen Wert zu taxieren. Du hast eben gesagt, dass deine Krankheiten den Eindruck erwecken: »Ach, der ist ja eigentlich schon tot.« Diese Erfahrung habe ich nicht gemacht, aber dass man mir wegen meines Alters weniger zutraut, obwohl ich noch voll da bin – das kenne ich auch.

Pater Köster: Weil wir in einer hedonistischen Gesellschaft leben, die Gesundheit, Glück und ewige Jugend als Götzen anbetet wie die Israeliten im Alten Testament das goldene Kalb. Nimm mal unser christliches Kreuz! Eigentlich sollte es die Fähigkeit zu trauern in uns wecken. Doch das Bundesverfassungsgericht hat vor einigen Jahren entschieden, es dürfe nicht in den Klassenzimmern einer demokratischen Gesellschaft hängen, die Kirche und Staat trennt. Heute tragen junge Leute das Kreuz als Modeschmuck, dekorativ, ohne Bedeutung. Schönheitsoperationen vorne und hinten ...

Schwester Lea: (*fällt ihm ins Wort*) ... bereits 1992 lief eine visionäre Hollywood-Komödie zu diesem Thema in den Kinos: »Der Tod steht ihr gut« mit Goldie Hawn und Meryl Streep. Die ließen sich unentwegt umoperieren und jünger gestalten; so lange, bis alle, die sie früher kannten, gestorben waren. Die beiden Protagonistinnen sahen immer noch blendend schön und blutjung aus. Doch wenn sie sich mit scheinbar Gleichaltrigen unterhielten, mussten sie darauf achten, nicht zustimmend zu nicken – sonst wäre der Kopf abgefallen. Diese beiden Frauen waren Zombies: lebende Tote.

Pater Köster: Der Mensch ist ja das einzige Lebewesen, das sich seiner Sterblichkeit bewusst ist. Aber im Grunde widerspricht das unserem Naturell. Je mehr wir mit Schmerz, Krankheit und Tod konfrontiert werden, desto eifriger bemühen wir uns um Verdrängung. Das ganze Elend der Welt – Hunger, Kriege, Versklavung, Seuchen – wird uns ja heutzutage mittels Fernseher ins Wohnzimmer gebracht. Betroffen macht uns das nicht. Wir konsumieren das Elend als Tagesschau-Nachricht; die Einzelschicksale, die menschlichen Tragödien dahinter lassen uns kalt. Nicht nur das Christentum mit dem Kreuz als Symbol dafür – viele Religionen sprechen über das Leid und Elend in der Welt. Buddha sagt: »Leben ist Leiden.« Der Lateiner Vergil sagt: »Die Dinge haben ihre Tränen.« Doch solche Stimmen werden heutzutage überhört. Gestern besuchte mich ein mir unbekanntes Paar, das sein Kind von mir taufen lassen will. »Seid ihr Christen?«, habe ich die jungen Leute gefragt. Das sind sie, aber nur auf dem Papier. Mit dem Christentum haben sie eigentlich gar nichts am Hut, doch die Taufe wollen sie: speziell in unserer romanischen Kirche, weil die »so schön« ist. Bei Hochzeiten erlebe ich das doch auch immer wieder: Christentum als Dekoration! Eigentlich wundere ich mich, dass mich noch keiner gebeten hat, den Gekreuzigten verhüllen zu dürfen, damit den Festgästen dieser Anblick erspart bleibt.

Schwester Lea: Ich denke, Krankheit ist das Kreuz ganz konkret in unserem Leben. Nicht unbedingt nur für den

Kranken selbst. Ich hab's immer wieder als Kreuz empfunden, jemanden, den man gern hat, so leiden zu sehen – dich leiden zu sehen. Wenn man sich einem Menschen sehr nahe fühlt, trägt man sein Kreuz mit wie Simon von Zyrene das Kreuz Jesu. Du hast eben von Verdrängung gesprochen. Ich meine, je mehr das Leid und der Tod verdrängt werden, desto offensiver müssen wir Christen das der Öffentlichkeit bewusst machen. Es gibt ja in unserer Gesellschaft sehr viele kranke und alte Menschen, die nicht mehr können. Ihr Elend sollte ein Aufruf an die Gesünderen, Jüngeren sein, das Kreuz mitzutragen. Dabei geht es nicht nur um körperliche Krankheiten und Behinderungen – Depressionen sind zu einer Volkskrankheit geworden. Weil viele Menschen einfach nicht mehr mit dem Leistungsdruck zurecht kommen. Oder mit der Arbeitslosigkeit. Entwurzelung durch Globalisierung, Vereinzelung durch die Zerstörung traditioneller Familien- und Nachbarschaftsbeziehungen, Informationsüberflutung und Orientierungslosigkeit – das alles macht sie depressiv.

Pater Köster: In der Bergpredigt sagt Jesus: »Selig sind die Trauernden.« Es trauern ja meist die, die nicht verdrängen. Depressive sind Menschen, die unter dem Zustand der Welt leiden, ohne die Kraft zu haben, ihn zu verändern. Die scheinbar Gesunden, die das Elend übersehen oder es schönfärben, sind im Grunde kränker als die Depressiven. Wirklich gesund wäre es, dem Elend ins Auge zu blicken, statt den Blick abzuwenden und es zu verdrängen. Nur wenn man sich dem Elend stellt, schafft man es, neue Hoffnung zu schöpfen und die Kraft aufzubringen, sich und die Welt zu verändern. Doch der erste Schritt ist Trauer über ihren Zustand. Darum nennt Jesus die Trauernden selig.

Schwester Lea: Auf dem Kreuzweg sagt er: »Weinet nicht über mich, weinet über euch und eure Kinder!« Damit ist auch der Zustand der Welt gemeint, die wir unseren Nachkommen noch elendiger hinterlassen werden, wenn wir uns weiterhin weigern, das Kreuz der Leidenden mitzutragen. Diese Verweigerung treibt überaus seltsame Blüten. Neulich, nach einem Vortrag, nahm mich eine traurig wirkende Frau Ende 40 beiseite, um mir zu erzählen: Ihr Mann, den sie sehr geliebt habe, sei vor einem Jahr gestorben. Anfangs haben sie alle unterstützt: Verwandte, Freunde, Bekannte. Nach sechs Monaten, als sie erst richtig von Trauer überwältigt wurde, weil sie alles Organisatorische, das mit einem Tod zusammenhängt, erledigt hatte, hieß es auf einmal: »Es wird Zeit, dass du darüber hinwegkommst! Du musst lernen, ein eigenständiges Leben zu führen! Klammere dich nicht an die Vergangenheit, gestalte deine Zukunft!« Diese Frau hat dann in ihrer Verzweiflung Trost in einer Selbsthilfegruppe für Trauernde gesucht. Die bot das Bestattungsunternehmen an, das ihren Mann beerdigt hatte.

Pater Köster: Die exzessiv wachsende Zahl von Anonymbestattungen ist auch ein Zeichen für die massive Verdrängung von Trauer und Tod, die wir heutzutage erleben. Am Totensonntag vor drei, vier Jahren wurde im Radio ein Kulturwissenschaftler dazu interviewt. Der sagte: Anonymbestattungen seien das Ende jeglicher Kultur, weil jede Kultur überall auf der Welt mit Ahnenkult und Bestattungsritualen begann.

Schwester Lea: In Ruanda werden heute noch, zwölf Jahre nach dem Genozid, die Massengräber gesucht, in denen lebendige Menschen zwischen brutal Ermordeten vergraben wurden. Die Toten kann man meist nicht mehr identifizieren, aber jeder Einzelne soll eine eigene Grabstätte bekommen. Einen würdigen Ort, wo man an diesen namenlosen Toten denken kann: ein Denkmal! Hier in Deutschland werden ständig neue Denkmäler und Gedenkstätten gebaut – und was machen wir mit unseren eigenen Angehörigen? Wir lassen sie in der Anonymität verschwinden!

Pater Köster: Kinder sind noch nicht im Verdrängen geübt, darum reagieren sie viel sensibler auf den Tod als Erwachsene – in gewisser Weise ursprünglicher, natürlicher. Neulich ist ja hier im Dorf die neunzigjährige Urgroßmutter eines fünfjährigen Mädchens gestorben; die zwei waren einander sehr zugetan. Nach der Beerdigung wurde mir berichtet: Die Kleine sei vorher schrecklich unruhig gewesen, weil man ihre geliebte Uroma in eine Holzkiste gesteckt hatte, die vergraben werden sollte. Bei der Beerdigung wusste ich nichts von der Verzweiflung des Kindes, aber vielleicht spürte ich sie intuitiv. Jedenfalls habe ich die Kleine, als ich auf dem Weg zum Grab an ihr vorbeikam, an die Hand gefasst und mit zum Sarg genommen. Bei dem ganzen Ritual stand sie direkt neben mir – total ruhig.

Schwester Lea: Anschließend hat sie erzählt: »Der Pater Köster hat mir gezeigt, dass mit meiner Uroma überhaupt nichts Schlimmes passiert.« Die Selbstverständlichkeit, mit der du das Kind in die Bestattungszeremonie einbezogen hast, hat es getröstet. Wenn es darum geht, andere zu trösten, bist du sofort da, aber dich selbst willst du nicht trösten lassen. Wie schon gesagt: Ich bin kerngesund, der liebe Gott hat mich mit einem robusten Körper ausgestattet. Das schafft einen Abstand zwischen dir und mir. So gerne ich es auch würde, ich traue mich nicht, dich zu fragen, wie du die Schmerzen aushältst, ob dich Todesängste quälen.

Pater Köster: Ich will auch gar nicht, dass du mir solche Fragen stellst. Das kann man im Grunde nur mit sich alleine abmachen.

Schwester Lea: Aber du kannst mir nicht verbieten, für dich zu beten! Als du letztes Jahr sechs Stunden im Operationssaal warst, habe ich in der Krankenhauskapelle die ganze Zeit gebetsmühlenartig zum lieben Gott gesagt: »Du wirst mich nicht los! Ich belästige dich so lange, bis du dem Fritz geholfen hast!« Dabei dachte ich an die Witwe aus dem Neuen Testament. Sie ist übervorteilt worden und will dagegen klagen, aber der Richter schenkt ihr kein Gehör, weil Witwen damals keinen gesellschaftlichen Stellenwert hatten. Aber den verschafft sich diese Frau, indem sie hartnäckig bleibt und den Richter so lange nervt, bis er ihren Fall verhandelt. Jesus sagt dazu: »Die hat's richtig gemacht, nehmt euch ein Beispiel an ihr!« Dieser Empfehlung bin ich gefolgt – erfolgreich, wie man sieht. Denn sonst säßest du nicht mehr mit mir hier am Küchentisch.

Pater Köster: Mag ja sein, dass ich es Gebeten zu verdanken habe, dass ich noch lebe. Aber meine Ärzte wären wohl kaum damit einverstanden, dass Gott dabei seine Finger im Spiel hatte. Mediziner sind ja oft gnadenlos, wenn es darum geht, ein eigentlich beendetes Leben zu erhalten, das man betrauern müsste, statt sich anzumaßen, es reanimieren zu können. Ich denke da gar nicht so sehr an mich, sondern mehr an das sogenannte Wachkoma. Das hat es ja früher überhaupt nicht gegeben, es ist durch die Apparate-Medizin möglich geworden. Der Tod lässt die medizinische Wissenschaft immer die Grenzen ihres Könnens erfahren. Um auf mich zurückzukommen: (*lacht*) Manchmal verfluche ich die verdammte Medizin, weil man sich durch sie seines eigenen Todes nicht mehr sicher sein kann.

Schwester Lea: Du bist dem Tod viermal von der Schippe gesprungen. Abgesehen von deiner berechtigten Kritik an der Apparate-Medizin muss das doch deinen Blick aufs Leben verändert haben – so wie Reinhard Mey in seinem Lied »Über den Wolken« singt: »Was groß und wichtig erscheint, ist plötzlich nichtig und klein.«

Pater Köster: Ich halte mich da auch an Kohelet. Sein Buch im Alten Testament beginnt mit drei Worten: »Windhauch, Windhauch, Windhauch.« Damit will er sagen: Wir rackern uns ab, wir plagen und mühen uns, aber wir sind kurzlebig und vergänglich wie ein Windhauch, und im Totenreich, in dem wir schließlich landen, steht ohnehin alles still.

Schwester Lea: Kohelet hat mich immer ungeheuer auf- und angeregt. Er sagt ja auch: »Mich verdross mein ganzer Besitz, für den ich mich unter der Sonne anstrenge und den ich Menschen lassen muss, der nach mir kommt.« Warum rennt man eigentlich unermüdlich hinter Besitztümern her, die man dann doch abgeben muss? »Was hat mein Herz davon?«, fragt Kohelet. Mein Vater ist ja mit 56 Jahren nach kurzer, schwerer Krankheit an Krebs gestorben. Er hatte nicht die Möglichkeit zu überlegen: »Ich war krank, ich wäre beinahe gestorben, Gott hat mir Lebenszeit geschenkt, vielleicht nur eine kurze – wie könnte ich sie nutzen, indem ich neue Prioritäten setze?« Ein solche Chance ist ein großes Glück! Obwohl ich mich das kaum zu sagen traue, weil ich diese wahnsinnigen Schmerzen, die du oft hast, die auch mein Vater hatte, nicht aus eigener Anschauung kenne, sondern nur vom Zuschauen – und das ist schon kaum zu ertragen.

Pater Köster: Da fällt mir ein: Die Wehen, die Frauen erdulden müssen, wenn sie ein Kind gebären, bringen neues Leben zur Welt. So ist es auch bei der Auferstehung. Durch die unerträglichen Schmerzen, die Jesus am Kreuz erduldet, wird neue Hoffnung geboren. Trotzdem sind die Menschen unentwegt auf der Flucht vor dem Tod. Es gibt eine schöne jüdische Geschichte darüber: Ein Fürst, der Angst vorm Sterben hat, wandert aus, damit der Tod ihn nicht findet. Im ersten Land fühlt er sich nicht sicher, im zweiten auch nicht. Darum fährt er über einen großen Ozean. Als Land in Sicht kommt, denkt der Fürst: »So weit weg von meiner Heimat findet mich der Tod bestimmt nicht.« Und wem begegnet er als Erstes am Strand? Dem Tod!

Schwester Lea: Der Fürst fragt ihn verdattert: »Was hast du denn hier zu suchen?« – »Ich habe dich erwartet!«, antwortet der Tod.

Pater Köster: Kurzum: Es bringt nichts, vor dem Tod zu fliehen. Wenn man wie ich schon viermal tot gesagt wurde, freundet man sich sogar mit ihn an. »Krankheit als Chance« hast du eben gesagt. Das mag ja so sein, wenn man jünger ist – 56 wie dein Vater –, aber ich bin 72. Natürlich frage auch ich mich: Was ist jetzt noch wichtig? Du bist es! Selbstverständlich auch die beiden Kinder. Und noch ein paar andere Leute – wenige.

Schwester Lea: Aber du schreibt doch auch noch viel. Zwar keine Bücher mehr, aber Aufsätze für deine Homepage und Rundbriefe zu aktuellen theologischen Themen, die du an einen großen Interessentenkreis verschickst. Durch den Dialog mit deinen Lesern machst du doch immer wieder neue Erfahrungen.

Pater Köster: Ja, durchaus! Aber im Grunde sind mir außer den Menschen, die mir nahestehen, nur noch Kleinigkeiten wichtig. Zum Beispiel ein Glas Weizenbier am Abend, das ich wegen meiner Krankheit eigentlich gar nicht trinken dürfte. Aber das lass ich mir nicht nehmen! Da fühle ich mich völlig mit Kohelet eins, der im dritten Kapitel seines Buches schreibt: »Alles hat seine Stunde und es gibt eine Zeit für jegliche Sache unter der Sonne. Eine Zeit für die Geburt und eine Zeit für das Sterben. Eine Zeit zu pflanzen und eine Zeit, das Gepflanzte auszureißen. Eine Zeit zu weinen und eine Zeit zu lachen.« (*lacht*) Was das Weizenbier betrifft: Wer nicht mehr genießt wird ungenießbar.

Schwester Lea: Wir sind ja mit Annette Feigs befreundet, Ärztin und Schriftstellerin, die mit den Folgen eines schweren Unfalls zu kämpfen hatte und sehr unter dem frühen Tod ihres Mannes leidet. Sie schreibt nicht nur Gedichte, sondern auch Gebete. Eins gefällt mir besonders gut, ich kann es auswendig – soll ich es zitieren?

Pater Köster: Nur zu, nichts dagegen!

Schwester Lea: (*zitiert*) »Herr, manchmal ziehen mich meine Sorgen in die Tiefe. Herr, manchmal verstellen mir meine Kümmernisse den Blick wie eine beschlagene Brille. Herr, manchmal hemmen mich meine Ängste wie eine Zwangsjacke. Ich bin wie gelähmt, ich bin bewegungsunfähig. Wenn ich meine Sorgen, meine Kümmernisse, meine Ängste vor dich trage, in deine Hände lege, dir anvertraue, werde ich frei und kann handeln.«

Pater Köster: Ich bewundere die Leute, die bei allen Ängsten und Kümmernissen noch beten können: »Ich bin frei und kann handeln.«

Freundschaft:

gemeinsam in der Wüste bestehen

Freundschaft ist die Blüte eines Augenblicks
und die Frucht der Zeit.

August von Kotzebue

Der Mensch braucht auf der Welt
nicht irgendeine Sache, sondern irgendjemanden,
der ihm Bedeutung schenkt.

Simone Weil

Schwester Lea: (*legt ein Buch auf den Küchentisch*) Du, Fritz, beim Aufräumen auf dem Dachboden habe ich unsere deutsche Ausgabe von *Le petit Prince* gefunden. Trixi und Jojo haben ihn ja inzwischen in der Schule durchgenommen, aber als die beiden noch klein waren, haben wir ihnen das Buch auf Deutsch vorgelesen. Vorhin hab' ich drin geblättert und bin dabei auf das Kapitel mit dem Fuchs gestoßen. Der kleine Prinz sitzt in einem üppigen Rosengarten auf der Erde und weint, weil er sich nach seiner Rose sehnt, der Einzigen auf seinem winzigen Planeten irgendwo im All. Da erscheint der Fuchs. »Komm und spiel mit mir«, bittet ihn der kleine Prinz: »Ich bin so traurig.« – »Ich kann nicht mit dir spielen«, erwidert der Fuchs: »Ich bin noch nicht gezähmt!« – »Was heißt ›zähmen‹?«, fragt der kleine Prinz. »Es bedeutet, sich ›vertraut machen‹«, erklärt der Fuchs. Momentan gleiche er noch hunderttausend Füchsen, aber wenn der kleine Prinz ihn zähme, verändere sich alles: »Du wirst für mich einzig sein in der Welt; ich werde für dich einzig sein in der Welt.« Als ich das nach so langer Zeit wieder las, habe ich sofort an dich gedacht. Wir sind ja Ordensleute, du ein Pater, ich eine Nonne. Wir haben uns zu einer zölibatären Lebensweise verpflichtet und auf eine eheliche Lebensgemeinschaft verzichtet. Dennoch haben wir einander gezähmt – als Freunde, die durch dick und dünn gehen, durch gute und durch schlechte Zeiten.

Pater Köster: Bleiben wir doch mal bei dem schönen Bild von Saint-Exupéry! Der Fuchs ist bereit, sich zähmen zu lassen, und erklärt dem kleinen Prinzen, wie das geht: durch Geduld, durch langsame, behutsame Annäherung. Zuerst schauen sie sich nur von Ferne an, verstohlen aus den Augenwinkeln. Allmählich, ganz allmählich verringert sich die Distanz zwischen den beiden. Damit will uns Saint-Exupéry sagen, dass Freundschaft nicht von hier auf jetzt entsteht. Es ist ein Prozess. Ein lebenslanger, wenn die Freundschaft von Dauer sein soll. Es ist ja nicht so, dass man sie, wenn man sie einmal hat, automatisch für immer behält. Das Gleiche gilt für die Liebe und die Ehe. In guten und in schlechten Zeiten zusammenhalten klingt gut. Sich ewige Treue schwören auch. Aber oft ist das nur eine Illusion. Sogar wenn man es ernst meint wie der kleine Prinz mit dem Fuchs und umgekehrt, ist man vor Enttäuschung nicht sicher. Der kleine Prinz verlässt den Fuchs ausgerechnet in dem Moment, in dem sie sich so nahegekommen sind wie nie. Der tieftraurige Fuchs bestärkt den kleinen Prinzen sogar noch darin zu gehen, weil er ...

Schwester Lea: ... meint, dass sich der kleine Prinz um seine Rose kümmern muss. »Du bist zeitlebens für das verantwortlich, was du dir vertraut gemacht hast«, sagt der Fuchs: »Du bist für deine Rose verantwortlich.« Aber der kleine Prinz hat die Rose doch verlassen, weil er sich so um sie bemüht hatte und nicht verstanden wurde. Seine Beziehung zu ihr war eine einseitige Freundschaft. Die mit dem Fuchs ist gegenseitig, doch sie wird für die Rose geopfert.

Pater Köster: »Es gibt keine glückliche Freundschaft, so wie es auch keine glückliche Liebe gibt«, heißt es in einem Gedicht von Louis Aragon. Diese Erfahrung habe ich in meiner Kindheit gemacht. Wir waren elf Kinder zu Hause, vier Brüder und sieben Schwestern. Ich war das neunte Kind, ein kränklicher Junge. Weil meine Mutter so viel um die Ohren hatte, kümmerte sich zuerst meine älteste Schwester um mich. Als sie Nonne wurde, übernahm die zweitälteste Schwester meine Erziehung. Sie war selbstbewusst, intelligent, sozial engagiert. Ich habe sie damals verehrt. Was sie sagte, war für mich Gesetz. Erst als ich erwachsen wurde, habe ich durchschaut, dass sie ein sehr vereinnahmendes Wesen hatte. Ihre frühe Verantwortung hat dazu geführt, dass sie die ganze Familie herumkommandierte, alle mussten sich nach ihrem Kopf richten. Mich hat sie ständig genervt, um mich auf ihre Seite zu ziehen, wenn sie etwas durchsetzen wollte. So entstehen Seilschaften. Ich habe sie geliebt, aber ich habe auch Zeit meines Lebens in Konflikt mit ihr gelebt. Bis heute. Mich hat immer die Frage beschäftigt: Inwieweit ist eine Beziehung paritätisch? Wir Menschen neigen alle zum Besitzdenken. Vieles kann man nicht besitzen, man muss es immer wieder neu gewinnen. Saint-Exupéry drückt es sinngemäß so aus: Freundschaft heißt, den anderen wachsen zu lassen.

Schwester Lea: Die Beziehung einer guten Freundin von mir wäre nach zwanzig Jahren beinahe an dem gescheitert, was du als »paritätisch« bezeichnest – ich sage »gleichberechtigt«. Meine Freundin und ihr Lebensgefährte haben keine Kinder, beide sind berufstätig. Um sich nicht gegenseitig einzuengen, hatten sie bis vor kurzem bewusst getrennte Freundeskreise. In ihrer Freizeit unternahmen sie fast nichts mehr gemeinsam. Und auf einmal stellten sie erschrocken fest: »Wir haben uns auseinanderentwickelt!« Aus der Gleichberechtigung war Gleichgültigkeit geworden. Schließlich suchten sie Rat bei einem Paartherapeuten. Der empfahl ihnen, mehr Zeit miteinander zu verbringen. Auch zu Hause. Sie hatten zusammen gelebt, aber aneinander vorbei. Jetzt verabreden sie sich zum Kochen und zum Musik hören oder auch einfach nur zum Krimi gucken. Nun besuchen sie gezielt gemeinsame Freunde. Am Wochenende fahren sie häufig zu zweit weg, um wieder Erfahrungen zu sammeln, die nur ihnen alleine gehören.

Pater Köster: Zu viel Freiheit, die man sich gegenseitig gewährt, kann natürlich auch dazu führen, dass man plötzlich überhaupt nichts mehr miteinander am Hut hat. Um des Gemeinsamen willen haben auch wir uns vorgenommen, jeden Dienstag etwas zusammen zu unternehmen. Ins Theater gehen, ins Kino gehen. Das machen wir wieder – jahrelang haben wir es nicht gemacht.

Schwester Lea: Wir konnten's wegen der Kinder lange nicht.

Pater Köster: Auch, aber nicht nur. Es ist einfach unglaublich schwer, bei allen Eigeninteressen das Gemeinsame hinzukriegen. In unserer Freundschaft herrscht eben nicht ununterbrochen Friede, Freude, Eierkuchen.

Schwester Lea: Man muss bereit und fähig bleiben, »den Alltagsstein gemeinsam an die Schwelle des Abends zu tragen«. So schreibt es jedenfalls Zenta Maurina.

Pater Köster: Alltagssteine haben wir immer zusammen getragen, aber jetzt sind wir nicht mehr die Jüngsten. Du wirst demnächst siebzig, ich werde dreiundsiebzig. Das erste Gespräch in diesem Buch haben wir »Mit Streit fing alles an« genannt. Da ging es um den Beginn unserer Freundschaft, als wir noch relativ jung und relativ optimistisch waren. Heute wissen wir, dass wir auch beschwerliche Wüstenwege beschreiten mussten. Ich bin dabei zunehmend zu der Überzeugung gelangt, dass Beziehungsfähigkeit von vielen Faktoren abhängt. Wenn zwei Biografien sehr unterschiedlich verlaufen sind und verlaufen, kann das ein ganzes Leben lang eine Belastungsprobe für eine Zweierbeziehung sein.

Schwester Lea: Meinst du uns damit?

Pater Köster: Ja – auch! Dein Bruder ist elf Jahre jünger als du, im Grunde warst du ein Einzelkind. Ich denke inzwischen, dadurch gab es schon immer Missverständnisse zwischen uns, die man nicht leicht einzugestehen bereit ist.

Schwester Lea: Einzelkindern wird ja immer nachgesagt, sie wären egoistisch und unsozial. Ich glaube nicht, dass man das von mir behaupten kann.

Pater Köster: Das wollte ich auch gar nicht behaupten. Es geht genauso um mich. Durch die Erfahrung mit meiner Familie habe ich Angst vor Seilschaften. Das war sicherlich auch ein Grund, dass ich Priester geworden bin und nie geheiratet habe. Geprägt hat mich auch, dass in Ordensgemeinschaften damals, als ich bei den Pallottinern eintrat, Freundschaften verboten waren. Es wurde strengstens darauf geachtet, dass man keinen Freund hatte: Man durfte nicht zweimal mit demselben am Sonntagnachmittag spazieren gehen!

Schwester Lea: Das kenne ich auch. Die Weißen Schwestern nannten das »Partikularfreundschaften«.

Pater Köster: Das war der offizielle Begriff, der für alle Ordensleute galt und ebenso für Priester. Der berühmte Theologe Karl Rahner, ein Jesuit, hat mal zu mir gesagt, in dem für ihn so typisch tiefen Tonfall: »Wir Ordensleute und Kleriker sollen eine Gemeinschaft sein? Wer's glaubt, wird selig! Wir sind extreme Individualisten, jeder lebt auf seinem eigenen Planeten.« Eins hat mir bei dem Verbot von Partikularfreundschaften eingeleuchtet: Ein Priester, der pastoral arbeitet, muss versuchen, jedem auf eine andere Weise gerecht zu werden. Sehr unterschiedlichen Leuten, bereits in einem kleinen Dorf wie diesem. Wenn ich einen vorziehen und den anderen benachteiligen würde, wäre hier für meine Glaubwürdigkeit der Ofen aus. Das ist ein Punkt, der für mich existenziell ist. Insofern ist es gut, dass ich in einer Großfamilie gelernt habe, den Einzelnen ernst zu nehmen, ohne ihn zu bevorzugen.

Schwester Lea: Im Gegensatz zu den meisten Männern legen manche Frauen in dieser Gemeinde auf eine Exklusivfreundschaft mit dir allergrößten Wert. Das ist nicht nur hier so, das ist überall so. Manche Priester fühlen sich anscheinend sehr wohl dabei. Sie sind gerne »Hahn im Korb«.

Pater Köster: (*lacht*) Zugegeben, auch ich bin es gern. (*wieder ernst*) Aber das hat auch seine Schattenseiten. In einer von meinen bayerischen Pfarreien kam täglich eine vereinsamte Frau zu mir: morgens, mittags, abends. Das ging dann so weit, dass sie drohte: »Ich nehme mir das Leben, wenn Sie mir nicht mehr zuhören!« Zuerst ließ ich mich erpressen, aber dann habe ich gemerkt, dass diese Frau eher verliebt in mich war als selbstmordgefährdet. Es war eine Gratwanderung; ob einer suizidal ist oder nicht, weiß man ja nie so genau. Jedenfalls habe ich mich entschlossen, für diese Frau nicht mehr zu sprechen zu sein – und sie hat sich nicht umgebracht. Priester, für die verwitwete Mütter oder ledige Schwestern den Haushalt führen, haben es da natürlich leichter. (*lacht*) In solchen Pfarrhäusern wird wie Teufel aufgepasst, dass keine anderen Frauen mit etwaig sündigen Absichten eindringen. (*wieder ernst*) Um auf uns beide zurückzukommen: Du hast keine große Schwester, die dich übermäßig beeinflusst hat.

Schwester Lea: In der Tat bin ich ziemlich frei aufgewachsen und wenig fremdbestimmt. Okay, bis ich mit dreiundzwanzig ins Kloster ging, habe ich zu Hause gelebt. Das war damals üblich bei unverheirateten Töchtern. Aber im Gegensatz zu den anderen Mädchen im Dorf habe ich viele Freiheiten genossen – fast wie ein Junge, als ich Kind war. Nach der Schule durfte ich einen Beruf erlernen und Bankkauffrau werden. Bei den anderen Mädchen hieß es: »Du brauchst nix zu lernen, du heiratest ja sowieso.«

Pater Köster: Aber du hättest doch viel lieber studiert!

Schwester Lea: Das hätte meine Mutter auch gern gesehen, mein Vater wollte es nicht. Falls mich jemand manipuliert haben sollte, dann er!

Pater Köster: Ich kann mir nur annähernd vorstellen, wie du als kleines Mädchen warst. Das einzige Einzelkind, das ich früher kannte, war der Sohn eines Lehrerehepaars über uns: Zu dritt wohnten sie auf der gleichen Fläche wie wir mit dreizehn Personen. Mein Vater war ja nur ein kleiner Beamter und meine Mutter eine Hausfrau, die rund um die Uhr damit beschäftigt war, Essen für uns ranzuschaffen: mit Lebensmittelmarken Schlange stehen, Brot backen, Kartoffeln und Gemüse anbauen, Kaninchen füttern, ein Schwein versorgen, zwei Ziegen melken. Grasschnitt, Heu und Gemüseabfälle für unsere Tiere transportierte mein Vater auf einem Anhänger hinter seinem Postfahrrad. Meist liefen zwei von uns Jungs mit einem Bollerwagen hinter ihm her, wenn er seine Runde bei den Bauern drehte. So viel Mühe sich meine Eltern auch gaben, es hat nie gereicht, um elf hungrige Kindermäuler zu stopfen. Jede Familie im Haus hatte einen Vorratskeller. Unserer war meist leer; der von der Lehrerfamilie war immer voll. Der einzige Sohn des Lehrerehepaars war mein bester Freund. Weil ich ständig Hunger hatte in diesen Kriegs- und Nachkriegszeiten, nahm er mich manchmal heimlich mit in den Keller seiner Eltern. Was haben wir geschwelgt! Lageräpfel, Apfelkompott, eingemachte Birnen, Erdbeeren, Kirschen, Obstsäfte, Gelee, Marmelade! Mein Freund musste auf nichts verzichten, aber ihm gefiel das Heimliche, Verwerfliche an dem Mundraub, den wir zusammen begingen. Und er freute sich, dass er mich durch Essen glücklich machen konnte. Er war einsam, was ich damals nicht kapiert habe. Ich beneidete ihn um sein eigenes Zimmer und verstand überhaupt nicht, dass er bei uns unten, in der Enge, in dem Chaos, lieber war als oben.

Schwester Lea: Ich verstehe das gut. Ich hab' immer darunter gelitten, dass ich allein war. Ich wäre gern mit Geschwistern aufgewachsen.

Pater Köster: Aber man merkt, dass du es nicht bist. Denn du neigst dazu, dir einzubilden, dass alle deine Vorstellungen und Ideen richtig sind. Darum haben wir ja auch gleich am Anfang in dem gruppendynamischen Seminar Streit miteinander gekriegt. (*lacht*) Na ja, im Laufe der Jahre hast du Einsicht entwickelt. Inzwischen sagst du nicht immer, aber immer öfter: »Ich sehe es so, aber man kann's auch anders sehen.«

Schwester Lea: Ich weiß, dass ich früher oft engstirnig war und es bisweilen heute noch bin. Ich habe kein Problem damit, das zuzugeben. Im Gegenteil! Ich sage ständig, wie sehr ich es an dir schätze, dass du mich von der Schwarz-Weiß-Malerei abgebracht hast. Dank dir nehme ich inzwischen auch andere Farben wahr.

Pater Köster: Aber ich meine, dass du unsere Freundschaft manchmal etwas realistischer betrachten solltest. Früher kooperierten wir immer, in gewisser Weise ist das auch heute noch so: Wir haben einen gemeinsamen Haushalt, wir haben eine gemeinsame Kasse, wir teilen uns die Erziehung von zwei Pflegekindern. Aber mit Solwodi bist du eigene Wege gegangen. Als du 1985 nach Kenia geschickt wurdest, hatten wir uns vorgenommen, dass wir irgendwann nach deiner Rückkehr wieder zusammen in pastoral-theologischen Projekten arbeiten. Und auf einmal gründest du Solwodi! Das war zwar gut und schön und richtig, aber es hatte nichts mehr mit unserer ursprünglichen Abmachung zu tun. Du hast eine ganz andere Richtung eingeschlagen, auch im Arbeitsrhythmus: Du bist 150-prozentig mit Solwodi beschäftigt. Ich habe natürlich mit meiner Theologie weitergemacht. Heute bist du überwiegend mit Solwodi-Leuten zusammen, die für Menschenrechte von Frauen kämpfen, und meine Tendenz geht mehr zu Leuten, die wie ich theologisch denken und arbeiten. Da werden zwei unterschiedliche Berufe gelebt. Da kann sich viel an Missverständnissen einschleichen.

Schwester Lea: Trotzdem beschäftigst du dich viel mit Solwodi. Und für mich ist Solwodi das Umsetzen deines theologischen Denkens.

Pater Köster: Als du in Kenia in der Gründungsphase stecktest, hätte ich nie gesagt: »Brich das wieder ab!« Obwohl ich Bedenken hatte ...

Schwester Lea: ... hast du mich immer unterstützt. 1988 warst du Gründungsmitglied des ersten deutschen Solwodi-Vereins in Bayern, heute bist du stellvertretender Vorsitzender von Solwodi Deutschland. Ich gebe zu, dass ich anfangs nicht geahnt habe, wie sehr mich diese Arbeit begeistern würde. Anscheinend komme ich auf meinen Vater raus, der Bauunternehmer war: Ich manage gern und kann's offenbar auch gut. Trotzdem ist mir die Beziehung zu dir immer ungeheuer wichtig gewesen. Als sich 1990 die Gelegenheit ergab, Kinder hier ins Haus zu holen, habe ich das auch aus Freundschaft zu dir getan. Ich dachte: »Der Fritz hat viele Charismen, ein Charisma sind Kinder.« Das hast du auch so gesehen und mich darin bestärkt. Als wir vier Kinder hier hatten und ich noch ein fünftes aufnehmen wollte, hast du allerdings protestiert: »Mach das, aber dann gehe ich!« (*lacht*)

Pater Köster: (*auch lachend*) Das stimmt. Irgendwann muss auch mal Schluss sein.

Schwester Lea: Aber es war nicht Schluss. Meine Mutter in Klarenthal wurde vergesslicher und verwirrter, bis sie nicht mehr allein leben konnte. Da hast du sofort gesagt: »Maria kommt zu uns!« Das war ungemein großzügig von dir. Es ist ja sehr schwierig, mit einem alten Menschen zusammenzuwohnen, der an Demenz leidet. Meine Mutter, die Kinder – das waren doch alles Aufgaben, die wir gemeinsam bewältigt haben und an denen wir gewachsen sind. Doch offenbar siehst du mehr den Weg durch die Wüste als die grünen Oasen.

Pater Köster: Das liegt an Solwodi, so sehr ich auch dahinter stehe. Solwodi wächst und wächst und absorbiert dich mehr und mehr. Andere in unserem Alter genießen ihren Ruhestand. Bei uns herrscht immer noch Unruhestand ohne Aussicht auf Geruhsamkeit. Vielleicht würde ich ja auch gerne mal eine Seniorenkreuzfahrt auf einem Traumschiff machen.

Schwester Lea: (*lacht*) Du doch nicht, Fritz! Den ganzen Tag essen, trinken, auf dem Sonnendeck liegen und über Zipperlein reden – du würdest wahnsinnig.

Pater Köster: (*auch lachend*) Ja, da könntest du wohl recht haben.

Schwester Lea: Wir haben doch neulich die Psychoanalytikerin Margarete Mitscherlich im Fernsehen gesehen: Sie ist gerade achtzig geworden und denkt nicht im Entferntesten an Ruhestand. Walter und Inge Jens, auch um die achtzig, schreiben ein Buch nach dem anderen. Helmut Schmidt, schon über achtzig, hält Vorträge überall auf der Welt. Joseph Ratzinger wurde mit achtundsiebzig Papst. Die Liste der Unruheständler könnte ich endlos fortsetzen. Ich sehe mich auch auf dieser Liste.

Pater Köster: Ich sähe mich lieber etwas weniger auf ihr.

Schwester Lea: Ich weiß – weil du so krank bist.

Pater Köster: Auch wenn ich nicht krank wäre, hätte ich es ein bisschen ruhiger lieber. Es müssen ja nicht Seniorenreisen sein, ich bin in meinem Leben genug durch die Weltgeschichte gegondelt. Aber wann haben wir das letzte Mal Urlaub gemacht?

Schwester Lea: Vergangenes Jahr ging es nicht, weil du im Krankenhaus warst.

Pater Köster: Ja, das stimmt. Meine Krankheiten begleiten uns, seitdem wir uns kennen.

Schwester Lea: Solwodi hin, Solwodi her – wenn du krank bist, lasse ich alles liegen und stehen.

Pater Köster: Natürlich tust du das, aber das ist mir in gewisser Weise peinlich ...

Schwester Lea: Wie bitte? Warum denn?

Pater Köster: Deine Solwodi-Leute sind abhängig von dir, die brauchen dich für Entscheidungen: Du bist die Chefin! Und dann sitzt du bei mir im Krankenhaus. Du kannst Solwodi doch nicht meinetwegen im Stich lassen.

Schwester Lea: Doch, das kann ich. Weil man Prioritäten setzen muss. Außerdem ist Solwodi so gut organisiert, dass sie auch ohne mich zurechtkommen. Ich weiß, dass du Ladislaus Boros nicht sonderlich magst, aber ich schätze ihn sehr. Er schreibt: »Zwei Freunde verbindet gemeinsames Wissen und eine harmonische Schwingung im Grundton des Lebens.« Sinngemäß fährt Boros fort: Der Freund ist ein Teil meines Wesens; wenn er geht oder stirbt, geht und stirbt auch ein Teil von mir.

Pater Köster: Mit Augustinus kann man realistischer sagen: »Erst in der Freundschaft lernt man einen Menschen kennen.« Auch Georg Büchner mahnt in *Dantons Tod* einen notwendigen Realismus an: Ihr Idealisten, wenn ihr den Punkt erreicht habt, an dem eure Ideale – Büchner sagt »Phrasen« – verkörpert werden müssen, sprechen wir uns wieder!

Schwester Lea: Wie auch immer – alles läuft darauf hinaus, dass man eine Oase nur dann findet, wenn man durch die Wüste geht.

Pater Köster: Wir gehen jetzt ins Kino!

Schwester Lea: (*irritiert*) Es ist doch gar nicht Dienstag, heute ist Samstag.

Pater Köster: (*fröhlich*) Jojo und Trixi kommen auch mit.

Schwester Lea: Die Kinder am Samstagabend mit uns im Kino? Oh je, was für ein Film das wohl sein mag! Ein amerikanischer Blockbuster mit viel Action und Computeranimationen?

Pater Köster: (*schmunzelnd*) Es ist ein schwedischer Film! Es geht um einen Stardirigenten, der sich nach einem schweren Herzinfarkt in ein nordschwedisches Dorf zurückzieht. Die Bewohner ahnen nicht, dass er jener kleine Junge mit der Geige ist, der einst das Dorf verließ, weil er von allen gehänselt wurde. Widerwillig übernimmt der Stardirigent die vakante Stelle des Chorleiters in der Dorfkirche. Nach und nach bringt er alle zum Singen und Swingen: sich selbst und die ganze verkrustete, starre, engstirnige Dorfgemeinschaft.

Schwester Lea: Woher weißt du das? Hast du den Film schon gesehen?

Pater Köster: Nein, ich habe nur eine Kritik in der Zeitung gelesen. Ich will diesen Film unbedingt mit der ganzen Familie anschauen, denn anscheinend erzählt er auch eine Geschichte über uns: Jeder muss seinen Ton, seine Stimme finden – nur dann klingt der Chor gut.

Schwester Lea: Wie heißt der Film denn?

Pater Köster: Er heißt *Wie im Himmel.*

Schwester Lea: (*springt auf*) Nichts wie los!

Die Küchentür fällt hinter den beiden ins Schloss.

Glückwünsche

Die nackte Wahrheit
passt nicht mehr für unsere Welt,
seit Adam sich das erste Kleid bestellt.

Wilhelm Müller

Hirzenach, im Januar 2007

Liebe Lea,

komisch: Dieser Satz von Wilhelm Müller fiel uns ein, als wir an deinen 70. Geburtstag dachten. Und an die vielen Jahre, die wir hier in Hirzenach mit dir zusammen sind. Wir haben uns das lustig vorgestellt: Adam muss sich endlich etwas anziehen! Und wie die Tradition es kündet: Eva ist an allem Schuld! Dass sie den Apfel nahm und von dem verbotenen Baume pflückte, hat also etwas Gutes bewirkt. Seitdem bedecken die Menschen ihre Nacktheit. Moderne Bürger begnügen sich allerdings nicht mehr mit einem einfachen Feigenblatt. Modische Kleider, bunte Hemden und Krawatten sind Dekorationsstücke, die nicht nur die körperliche Nacktheit bedecken, sondern auch jede Art von Bloßstellung vermeiden.

Du hast dich in den letzten Jahrzehnten sehr unbiblisch benommen: Du hast viele Männer und Frauen wieder ausgezogen. Du hast sie bloßgestellt, ihre Mängel aufgelistet – mit viel Ehrlichkeit und Engagement. Du hast dich zornig und wütend gezeigt, wo immer Menschen Unrecht durch andere erfuhren. Du hast nicht locker gelassen und lässt nicht locker, bis Teile der zivilisierten Gesellschaften wieder nüchtern und wach werden für die Tatsache, dass sie noch nicht im Zustand des Heils und der Vollkommenheit angekommen sind. Manchmal entstand im Fernsehen oder Radio eine drollige Situation: Du knirschtest mit den Zähnen und manche Journalisten hielten das für ein Gebet! Jedenfalls sind die Menschen zahlreicher geworden, die sich wieder schämen.

Wir in deiner Nähe mussten das auch immer aushalten: deine anstrengende Nervigkeit, dein niemals müdes Engagement. Du nimmst kein Blatt vor den Mund bei deinem Mut und

deiner Courage. Bei allem haben wir es dir immer hoch angerechnet, dass du dich trotz Verpflichtungen um »deine Familie« gekümmert hast – vor allem um ein gutes und gesundes Essen und Trinken. In der Küche hast du bisweilen ein ziemliches Chaos hinterlassen. Dann mussten wir in den Apfel beißen, der saurer war als der von Adam und Eva. Wir haben es aber immer fertiggebracht, die Küche so zu hinterlassen, als wäre vorher nichts gewesen ...
Für Eines sind wir besonders dankbar und wir werden es zu unserem Eigenen machen: Mit vielen anderen Mitarbeiter/innen kämpfst du für eine gerechtere Welt. Du machst Entrechteten Mut. Und wenn es immer nur kleine Schritte sind, die gelingen – es bleibt der Wunsch nach Glück und langem Leben: für dich und für alle, die für dein Anliegen streiten.
Noch ein Letztes. Eigentlich bist du eine fromme Nonne oder solltest eine sein. Da können wir nur singen:

Bei anderen ernsthaft Überfrommen,
Mit Augenaufschlag obendrein,
Ist uns nie in den Sinn gekommen,
Sie könnten etwas Besseres sein.

In Dankbarkeit und Freude

Fritz, Trixi und Jojo

Hirzenach, im Januar 2007

Lieber Fritz, liebe Trixi, lieber Jojo!

Wie soll ich's sagen, wie meinen Dank in die richtigen Worte kleiden? Das fällt mir schwer. Dennoch, ich versuche es.
Ich war und bin anstrengend, ihr habt mich ausgehalten und mit mir manche Last getragen – alle drei. Aber am meisten du, lieber Fritz!
Ich habe vielen Menschen helfen können und hatte dich dabei immer im Rücken. Die Diözese Trier hat mir 1988 in dieser wunderschönen Propstei mietfreie Räume für Solwodi zur Verfügung gestellt. Damals sagte Bischof Spital: »Pater Köster ist ja dabei, dann wird's schon gut werden!« Er hat Frauen wohl nicht so ganz getraut. Vielmehr hat er darauf vertraut, dass eine Frau, wenn sie initiativ wird, mit einem Mann wie dir hier im Dorf und in der Welt leichter etwas bewegen kann.
Du hast mich nicht nur unterstützt. Wenn nötig, hast du mich auch vor übereilten Aktionen gewarnt – mit wohldurchdachten Argumenten.
Dass du zugestimmt hast, meine Mutter aufzunehmen, dafür kann ich dir nie genug danken. Und auch dafür, dass sie uns so oft auf unseren Reisen begleiten konnte, obwohl sie nicht ganz einfach war.
Bei meiner Arbeit wehte mir innen wie außen bisweilen ein rauer Wind entgegen. Manchmal musste ich mir harte, ungerechte Kritik anhören. Doch wenn ich am Boden lag, hast du mir wieder aufgeholfen. Danke!
Kinder hier im Pfarrhaus aufzuziehen, war wohl das Beste, was wir gemeinsam bewerkstelligt haben. Eine ungemein bereichernde, erfüllende Aufgabe. Dafür sollten wir beide Gott danken.

Deine Auseinandersetzung mit dem Christsein hat mich stets von Neuem fasziniert und überzeugt. Du hast immer gelebt, was du verkündest. Durch deine Glaubwürdigkeit begeisterst du Menschen, die sich von Gott und Kirche abgewandt haben, wieder für das Christentum. Deine Theologie kann ich mit Worten nicht erklären, aber ich habe sie verinnerlicht und mit Solwodi verwirklicht. Ich hoffe, dass dich das wiederum in deinem theologischen Denken weitergebracht hat.
Ich weiß, dass du es nicht gerne hörst. Aber ich schreibe es hier noch einmal, weil es so ist: Du bist zu meinem Franziskus geworden. Auch Clara hat umgesetzt, was Franziskus gelebt und gepredigt hat. Und wahrscheinlich hat auch sie ihn beeinflusst in seiner Theologie.
Liebe Trixi, lieber Jojo, auch euch danke ich! Ihr habt mich reich beschenkt mit harmonischem Miteinander – und heftigen Auseinandersetzungen. Aber diese haben mir oft neue Erkenntnisse gebracht und Anstöße für ein »jüngeres« Denken und Handeln. Ich hoffe sehr, dass eure »alte« Lea auch bei euch etwas bewirkt hat: für euren Lebensweg durch die große, weite Welt, die auf euch wartet. Wenn ihr sie auch nur ein wenig zum Besseren verändern könnt – dann haben wir alle vier zusammen viel erreicht.
Ich danke dem lieben Gott, dem ich wohl am meisten auf die Nerven gehe: morgens, mittags, abends, nachts. Denn ich bete oft, sehr oft: »Bitte, lieber Gott, lass mich nicht im Stich, wenn ich mich vor Abgründen sehe!« Auch bei ihm fallen mir keine großen Worte und tiefsinnigen Überlegungen ein. Aber ich glaube, das erwartet er gar nicht von mir. Er trägt mich und hält mich wie auch euch.

In Liebe

Eure Lea